水运工程施工标准化建设指南系列

Shuiyun Gongcheng Jianshe Xiangmu Zhiliang Guanli Tixi
水运工程建设项目质量管理体系
QMS Shishi Zhinan
（QMS）实施指南

水运工程施工标准化示范创建工作指导组

人民交通出版社股份有限公司
China Communications Press Co.,Ltd.

内 容 提 要

本书是在总结全国水运工程施工标准化示范创建活动成果的基础上，吸纳全国各地水运工程建设项目工程标准化创建成果和工程质量管理的实践经验编制而成。本书根据水运工程建设项目的特点，明确水运工程建设项目质量管理体系的定义，重点介绍质量目标、质量管理职能配置、质量职责、质量管理流程、质量管理制度、质量管理和提升措施等内容，采用大量流程图进行示意，对参建各方在水运工程建设项目质量管理实施的重要环节中提出推荐性的流程和要求，内容符合现行水运工程标准规范，对引导实施施工标准化管理的思路和方向、提升水运工程建设项目质量有很好的指导作用。

本书适用于大中型新建、改建及扩建等水运工程建设项目的质量管理，也可供规模较小、技术简单的水运工程建设项目的质量管理与技术人员参考使用。

图书在版编目（CIP）数据

水运工程建设项目质量管理体系（QMS）实施指南／水运工程施工标准化示范创建工作指导组组织编写. —北京：人民交通出版社股份有限公司，2018.12
ISBN 978-7-114-15244-3

Ⅰ.①水… Ⅱ.①水… Ⅲ.①航道工程—工程质量—质量管理体系—中国—指南 Ⅳ.①U615.1-62

中国版本图书馆 CIP 数据核字（2018）第 288939 号

水运工程施工标准化建设指南系列

书　　　名：	水运工程建设项目质量管理体系（QMS）实施指南
著　作　者：	水运工程施工标准化示范创建工作指导组
责任编辑：	吴有铭　刘永超　黎小东
责任校对：	刘　芹
责任印制：	张　凯
出版发行：	人民交通出版社股份有限公司
地　　　址：	（100011）北京市朝阳区安定门外外馆斜街 3 号
网　　　址：	http://www.ccpress.com.cn
销售电话：	(010)59757973
总　经　销：	人民交通出版社股份有限公司发行部
经　　　销：	各地新华书店
印　　　刷：	北京市密东印刷有限公司
开　　　本：	880×1230　1/16
印　　　张：	4.5
字　　　数：	90 千
版　　　次：	2019 年 1 月　第 1 版
印　　　次：	2019 年 1 月　第 1 次印刷
书　　　号：	ISBN 978-7-114-15244-3
定　　　价：	50.00 元

（有印刷、装订质量问题的图书，由本公司负责调换）

《水运工程施工标准化建设指南系列》
编审委员会

审定委员会

主　　任：黄　勇

副 主 任：姜竹生　陈　萍

委　　员：吴利科　吕卫清　顾　明　吴今权　王跃全
　　　　　蔡　杰　阮成堂　邵　宏　马玉臣　张永明
　　　　　鲍　翔　徐远明　尹　平　喻永华　卢　柯
　　　　　高艳龙　汤伟清　唐云清

编写组织委员会

主　　任：陈　萍

副 主 任：汤伟清

委　　员：曹　坤　黄宏宝　宣剑裕　郑　直　程李凯
　　　　　王　瑜　高艳辉　李　恒　于文金　刘佳东
　　　　　张佳运　熊　伟　张光达　王　毅　王泽林
　　　　　徐志峰　黄建红　吉同元　徐兴路　李同飞
　　　　　邓　桃　陈阵阵　赵殿鹏　狄小乐　丁　涛

序

标准化是现代名词,但它的产生却由来已久。常言道:不以规矩,不成方圆。秦一统天下后颁布"车同轨,书同文,行同伦"的国策,并统一度量衡,成为中华民族灿烂文化和国家经济法律的标准基石。明嘉靖年间的《龙江船厂志》说:"夫板之厚薄,每船具有定式……一尺三钉,原有成规。"强调"定式、成规"的规矩意识。现代标准化是近二三百年发展起来的。蒸汽机的出现和工业革命的开始,将标准化推向前端,成为现代工业文明的基础,现如今标准化已成为走向世界的通行证。

标准化是社会化专业化生产组织的技术纽带,是科学规范管理的内在要求,与工程建设的关系极为密切,推行标准化是国家的一项重要技术经济政策。习近平总书记强调,标准决定质量,有什么样的标准就有什么样的质量,只有高标准才有高质量。《中华人民共和国标准化法》规定:"标准化工作的任务是制定标准、组织实施标准以及对标准的制定、实施进行监督。"工程建设技术标准体系已建立健全,但各地区、各项目在"组织实施标准"方面不同程度存在不平衡、不规范的问题。特别是在施工中标准化的操作上存在较大差异,开展有组织、有规则、有措施地贯彻执行标准的活动,编制水运工程施工标准化指南,就是破解上述问题的重要措施。

在现代工程管理理念引领下,2011年高速公路施工标准化活动率先开展,形成了一大批成果,促进了工程建设管理水平和施工规范程度的双提升,并带动了质量水平的全面提升。2015年底,全国水运工程施工标准化活动正式拉开帷幕,以质量问题为导向,以提升质量水平为目标,坚持抓基础、抓示范、抓耐久性的原则,以13个地区、25个示范试点项目施工标准化和技术攻关创新的经验为基础,经过三年积极实践探索和系统总结,编制形成了《水运工程施工标准化建设指南》以及《水运工程建设项目质量管理体系》《水运工程建设项目质量安全责任基本清单》等成果。《水运工程施工标准化建设指南》中,场地布设科学是基础、工艺控制精准是关键、管理行为规范是保障,三者皆中规矩绳墨,方可拧成一股绳。《水运工程建设项目质量管理体系》《水运工程建设项目质量安全责任基本清单》,是《水运工程施工标准化建设指南》实施的保障,也是"施工安全文明、工艺可靠先进、管理有序受控"的内在要求。

取法乎上,仅得乎中。质量是百年大计,必须坚持高标准严要求,规范过程确保结果,将水下、隐蔽环节施工的精准控制、精细管理作为水运施工标准化实施的重中之重,将看不见、讲不清、验不了的部位、环节,通过标准化的方法和步骤,力争打造一批社会满意、经得起考验的"百年工程",促进水运工程建设高质量可持续发展,为交通强国建设添砖加瓦。

心存敬畏,方得始终,手有规矩,才成方圆。让习惯符合标准,让标准成为习惯,标准化有你有我,我们永远在标准化的路上。

交通运输部安全与质量监督管理司

2018 年 11 月 13 日

编 制 说 明

质量是工程的生命,提高质量是供给侧结构性改革的主攻方向。水运工程建设项目是具有基础性和公益性的交通基础设施,其建设质量直接关系到人民群众生命、财产安全和切身利益,关系到经济社会运行秩序和效率,关系到基础设施安全和效益发挥,关系到生态文明建设和可持续发展。

为贯彻落实《中共中央国务院关于开展质量提升行动的指导意见》、《交通运输部办公厅关于开展水运工程施工标准化示范创建活动的通知》(交办安监〔2015〕125号)和《关于打造公路水运品质工程的指导意见》(交安监发〔2016〕216号)等文件精神,进一步规范水运工程建设管理,提升项目质量管理水平,打造平安百年工程,根据《建设工程质量管理条例》、《公路水运工程质量监督管理规定》等国家及相关行业规定,结合水运工程建设实际,编制本书。

本书共分8章,并附条文说明,主要包括总则、质量目标、质量管理职能配置、质量职责、质量管理流程、质量管理制度、质量管理和提升措施、其他工作等内容。

《水运工程建设项目质量管理体系(QMS)实施指南》作为水运工程施工标准化示范创建活动重要成果之一,由交通运输部安全与质量监督管理司组织,活动协调办牵头,浙江省交通建设工程监督管理局和浙江省交通运输科学研究院具体负责编写。在编写过程中,得到浙江交工集团股份有限公司、杭州市交通投资建设管理集团有限公司的大力支持和帮助,在此一并表示感谢。

因初次编制,请各单位在执行过程中,将发现的问题和意见及时函告浙江省交通建设工程监督管理局(地址:浙江省杭州市萧山区利华路899号,邮政编码:311215)和浙江省交通运输科学研究院,以便修订时参考。

本指南主编人员:邵宏、宣剑裕、王泽林、寿奇晗、赵殿鹏、白鸿宇、戴晓栋、曹更永、赵玉贤、徐发容、舒育正、顾森华、金莹。

目 录

1 总则 ··· 1
  1.1 编制目的 ·· 1
  1.2 适用范围 ·· 1
  1.3 基本定义 ·· 1
  1.4 总体定位 ·· 1
  1.5 监督与考核 ··· 1
  1.6 持续改进 ·· 2

2 质量目标 ··· 3
  2.1 总目标确定 ··· 3
  2.2 目标细化和明确 ··· 3
  2.3 目标管理 ·· 3

3 质量管理职能配置 ··· 4
  3.1 参建各方在质量管理体系中的相互关系 ································· 4
  3.2 建设项目质量管理职能配置 ··· 4
  3.3 建设单位项目质量管理职能配置 ··· 5
  3.4 勘察、设计单位项目质量管理职能配置 ································ 5
  3.5 监理单位项目质量管理职能配置 ··· 6
  3.6 施工单位项目质量管理职能配置 ··· 6

4 质量职责 ··· 7
  4.1 建设单位职责 ·· 7
  4.2 勘察、设计单位职责 ·· 8
  4.3 监理单位职责 ··· 10
  4.4 施工单位职责 ··· 11
  4.5 检测及其他技术服务单位职责 ·· 13
  4.6 特许经营项目质量责任 ··· 13
  4.7 设计施工总承包(EPC)质量责任 ·· 13
  4.8 联合体质量责任 ·· 13
  4.9 质量事故责任 ··· 14

5 质量管理流程		15
5.1	施工准备期	15
5.2	施工期	18
5.3	交(竣)工及缺陷责任期	22
6 质量管理制度		25
7 质量管理和提升措施		29
7.1	全面质量管理(TQM)	29
7.2	典型(首件)工程认可制	29
7.3	质量通病治理	29
7.4	质量风险防控	29
7.5	班组标准化建设	30
7.6	信息化管理	30
7.7	信用评价	30
7.8	劳动立功竞赛	30
7.9	派驻现场质量管理	30
7.10	专项活动	30
8 其他工作		31
8.1	质量管理信息报送	31
8.2	标准、规范动态更新	31
8.3	质量管理体系内审机制	31
附 《水运工程建设项目质量管理体系(QMS)实施指南》条文说明		33
1	总则	35
2	质量目标	37
3	质量管理职能配置	38
4	质量职责	40
5	质量管理流程	54
7	质量管理和提升措施	59
8	其他工作	62

1 总　　则

1.1 编制目的

为规范水运工程建设项目质量管理行为,提升项目质量管理能力和施工标准化水平,打造水运平安百年工程,根据《建设工程质量管理条例》《公路水运工程质量监督管理规定》等国家及相关行业规定,编制本指南。

1.2 适用范围

本指南适用于新建、改建及扩建等水运工程建设项目的质量管理。规模较小、技术简单的水运工程建设项目按实际情况参照执行。

本指南所称参建单位,是指从事水运工程的建设(含项目业主、代建单位)、勘察、设计、监理、施工、检测及其他技术服务单位。

1.3 基本定义

质量管理体系,是指在质量方面指导和控制组织建立质量方针和质量目标,并实现这些目标的相应关联或相互作用的一组要素。质量管理体系通常以文件化方式,成为项目组织内部质量管理工作的要求。

水运工程建设项目质量管理体系,是指将参建各方的管理资源、共同的质量方针与目标、各方法律责任与相关工作流程相结合,以过程管理方式开展系统的策划、实施、监控、纠正与改进,并贯穿项目实施全过程的要素集合。文件化的水运工程建设项目质量管理体系应包括:质量目标、质量管理职能配置、质量职责、质量管理流程、质量管理制度、质量管理和提升措施及其他工作。

1.4 总体定位

建设单位负责牵头建立科学、系统、完备的建设项目质量管理体系;其他参建各方应根据各自的质量责任,建立相对应的质量管理体系。

1.5 监督与考核

建设项目推进过程中,建设单位应根据本指南和有关规定,对其他参建各方的质量管理体系及运行情况进行监督检查,对未达要求的环节督促整改。其他参建各方应强化企业本部对派驻机构或人员的监督检查与考核。

1.6 持续改进

水运工程建设项目应在本指南基础上,根据自身实际情况对水运工程建设项目质量管理体系持续改进并不断细化和实化。

2 质量目标

质量目标是质量管理体系的核心,参建各方应根据建设项目特征及合同约定制定具体的质量目标,明确质量管理应达到的水平。

2.1 总目标确定

建设单位应围绕"优质耐久、安全可靠、经济环保"的要求,确定项目质量总目标,并将总目标写入招标文件和合同文本中。

总目标应符合法律、法规、规章、工程建设强制性标准和行业发展方向。

2.2 目标细化和明确

参建各方应贯彻总目标要求,及时进行目标分解和细化,明确参建各方的子目标,子目标不得低于总目标,通过优化改进质量管理方法,强化重(难)点的工艺、工法管理和质量通病控制,最终实现建设项目功能质量、外观质量和服务质量均衡发展、协调一致。

2.3 目标管理

参建各方应实施建设项目质量目标管理,各子目标应分解、落实到相应管理职能、层次、岗位并贯穿建设全过程。

3 质量管理职能配置

质量管理职能配置主要明确建设项目参建各方在质量管理体系中的相互关系、组织机构和职能配置等。

3.1 参建各方在质量管理体系中的相互关系

1. 参建各方应严格按照法律、法规、规章和标准规范等,形成"建设单位统筹管理,勘察设计单位强化技术指导,监理单位检验验收(准认),施工单位严格执行,其他各方服务支持"的界面清晰、分层负责、全面落实的管理体制(其相互关系见图3.1),协同开展项目质量管理工作。

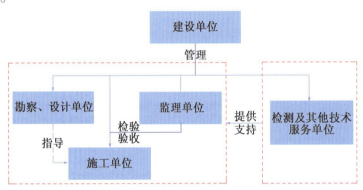

图3.1 参建各方在质量管理体系中的相互关系

2. 建设单位负责协调参建各方的关系,统筹管理建设项目的质量活动。勘察、设计单位按照有关规定和强制性标准开展勘察、设计工作,做好设计交底和技术服务,对基础开挖、隐蔽施工等关键环节加强指导。监理单位受建设单位委托,对施工单位的施工质量和质量管理行为进行监督、检查。施工单位按照工程设计图纸、标准、规范和合同约定组织施工。检测及其他技术服务单位应根据服务合同向其他参建各方提供服务支持。

3.2 建设项目质量管理职能配置

1. 建设项目可建立由建设、勘察、设计、监理和施工单位等组成的项目质量管理协调机构,负责组织与统筹建设项目质量管理工作。由建设单位项目负责人担任协调机构负责人。

2. 建设、勘察、设计、监理、施工、检测及其他技术服务单位应合理配置驻现场机构的质量管理岗位,其驻现场机构在质量管理活动中接受项目质量管理协调机构工作指导。

3. 实行代建制的项目,应在合同中明确委托双方的质量责任。原则上由代建单位承担建设项目质量管理职能,委托单位履行监督职责。

4. 对 PPP、BOT 等特许经营项目及设计施工总承包(EPC)项目,建设单位和施工单位应分别建立质量管理体系,双方质量管理职能机构的组成人员不得兼任。

3.3 建设单位项目质量管理职能配置

1. 建设单位可设立具有质量管理职能的部门,承担质量管理相关工作;设置质量(技术)负责人岗位,协助项目负责人开展项目质量管理工作。部门人员应具备相应的能力,以满足项目质量管理需要。建设单位项目质量管理职能配置示例见图3.3。

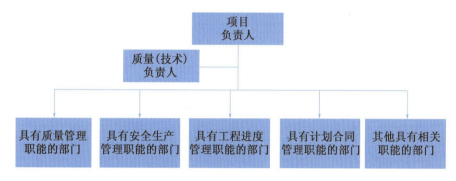

图 3.3　建设单位项目质量管理职能配置示例

2. 大中型建设项目应设立具有质量管理职能的独立部门,小型建设项目也可仅设置专职质量管理人员。

3.4 勘察、设计单位项目质量管理职能配置

勘察、设计单位可设置项目质量(技术)负责人岗位,协助项目负责人开展勘察、设计质量管理工作;可根据项目实际情况按不同专业设置若干专业勘察、设计负责人岗位,在各专业中对勘察、设计质量负责。在项目实施阶段,设计单位应组建具有现场服务职能的机构,并按合同要求派驻工程师,及时解决现场有关设计方面的问题。各专业岗位及派驻工地现场的人员应具备相应的能力,以满足项目勘察、设计质量管理需要。勘察、设计单位项目质量管理职能配置示例见图3.4。

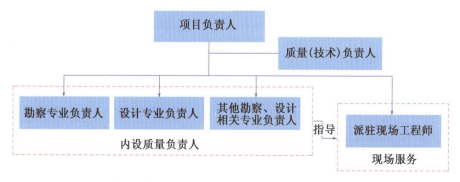

图 3.4　勘察、设计单位项目质量管理职能配置示例

3.5 监理单位项目质量管理职能配置

项目总监理工程师主持项目监理工作,代表监理单位全面负责施工监理合同履行。监理单位可设置项目总监代表岗位,代表总监理工程师行使部分职责和权利;可按专业设置监理工程师岗位,对施工单位的质量管理行为进行监督;应根据工程实际情况及合同要求,设置足够的监理员岗位,对工程施工过程进行必要的旁站监督。各岗位人员应具备相应的能力,以满足项目监理需要。监理单位项目质量管理职能配置示例见图3.5。

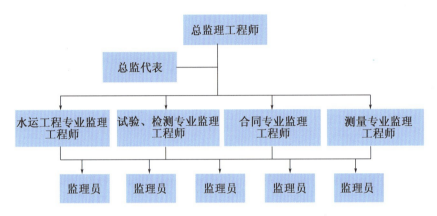

图 3.5 监理单位项目质量管理职能配置示例

3.6 施工单位项目质量管理职能配置

1.施工单位可设置质量(技术)负责人岗位,协助项目负责人分管施工质量管理工作;设立具有质量管理职能的部门,承担各专业施工班组、分包队伍等的质量管理具体工作。部门人员应具备相应的能力,以满足项目施工质量管理的需要。施工单位项目质量管理职能配置示例见图3.6。

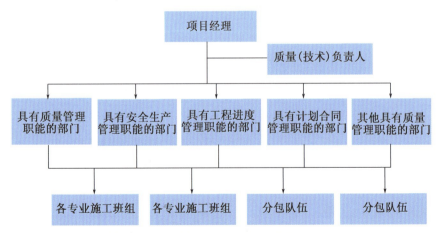

图 3.6 施工单位项目质量管理职能配置示例

2.实施专业工程分包或劳务分包的项目,分包单位也应建立符合分包工程特点的质量管理体系,合理配置质量管理职能。

4 质量职责

建设、勘察、设计、施工、监理等单位应书面明确相应的项目负责人和质量(技术)负责人。参建各方的相关人员应按国家法律、法规和有关规定在工程合理使用年限内承担相应的质量责任。

4.1 建设单位职责

建设单位对建设项目质量负管理责任。建设单位应按照国家、行业的法律、法规、规章、标准规范和本指南要求建立质量管理体系,加强质量管理制度建设,完善质量管理职能配置,落实质量岗位责任制。

4.1.1 工程前期及施工准备阶段

1. 编制招标文件。在招标文件编制过程中,应考虑质量目标、安全投入等要素,并在招标文件中对相关内容予以明确。

2. 依法招标。应根据工程特点和技术要求等,依法对工程建设项目的勘察、设计、施工、监理、检测及其他技术服务单位进行招标,将工程发包给具有相应资质等级的单位。

3. 合同管理。在合同中明确各方的质量目标和质量责任,督促参建各方严格履行合同,强化从业人员、机械设备和流动资金等生产要素投入管理。

4. 质量管理体系方案。应建立项目质量管理体系,并对勘察、设计、施工、监理等单位上报的质量管理体系方案进行审核。

5. 质量责任登记表审核。负责组织对质量责任登记表进行登记,并进行审核和备案。

6. 设计文件技术交底。在工程实施前,应组织设计文件技术交底会议,内容包括设计意图、结构设计特点、工艺要求和施工注意事项等。

7. 质量监督手续办理。开工前,应按规定及时向质量监督机构提供相关文件和资料,申请办理质量监督手续。

8. 其他相关必要手续办理。开工前,应按相关法律、法规和规章等及时办理项目施工许可或者开工备案、水上水下施工许可等相关手续,并完成通航安全评估等事项。

4.1.2 施工阶段

1. 督促管理。应督促参建各方按照相关法律、法规、规章、标准规范和合同要求,规范各自质量管理行为,履行质量管理职责。

2. 施工标准化建设管理。应督促施工单位落实施工标准化实施方案,定期对现场布设标准化、工艺工法标准化、管理行为标准化等施工标准化建设与管理的工作内容进行检查、评价。

3. 质量检查。应对工程质量进行检查,并对发现的质量问题及时组织督促整改。必要时可委托符合规定的检测机构对工程质量进行检测。

4. 分包管理。应按照有关规定和合同约定加强对分包活动的管理,对分包合同签订与履行、进度管理、质量与安全管理等活动进行监督检查,及时阻止施工单位的违法分包行为。

5. 设计变更管理。不得肢解设计变更。对于重大和较大的变更设计,应根据规定在实施前向具有相应权限的主管部门上报变更申请,经同意后方可实施。

6. 质量风险控制。对地质复杂或结构特殊的港口工程,以及采用新技术、新材料、新工艺、新设备的其他水运工程建设项目,明确专项质量管理措施和要求,组织做好质量风险预判和施工过程的技术控制。

7. 质量举报处理。做好工程实施过程中的质量举报处理工作,严格按有关规定处理质量事故,配合质量监督部门或事故调查组等单位做好事故原因调查分析。

8. 定期考核。根据行业主管部门的要求,对参建单位项目质量管理、安全生产、合同履约等内容,定期组织考核。考核结果应与信用评价相结合。

9. 档案管理。建立健全建设项目档案管理制度,在建设项目竣工验收后,按有关规定及时向行政主管部门或其他管理机构移交项目档案。

4.1.3 交(竣)工及缺陷责任期

1. 出具交工验收质量检测报告。工程开工后,及时组织具有相应能力等级的检测单位对工程质量进行检测;交工验收前,出具交工验收质量检测报告。

2. 报送交工验收资料。将设计单位出具的工程设计符合性评价意见、监理单位提交的工程质量评定或评估报告提交交通运输主管部门或委托的建设工程质量监督机构。

3. 组织交工验收。对满足交工验收条件的建设项目,按有关规定及时组织合同段的设计、施工、监理等相关单位进行交工验收,同时邀请行业主管部门参加。

4. 申请或组织竣工验收。对试运行期结束后符合竣工验收条件的建设项目,按有关规定申请或组织竣工验收,就工程交工验收、执行强制性标准、投资使用等情况进行全面检查验收,对工程建设、设计、施工和监理等工作进行综合评价,并及时办理竣工验收手续。

5. 问题整改。对交工验收遗留的、竣工鉴定时发现的和缺陷责任期出现的质量问题及时组织整改。

4.2 勘察、设计单位职责

勘察、设计单位对勘察、设计质量负责。勘察、设计单位依法将部分工程分包给具有相应资质条件的其他单位的,分包单位应按分包合同约定,就其分包工程的质量向总承包单位负责,总承包单位对分包单位的分包工作质量承担连带责任。建设项目有多个勘察、设计单位的,应按投标文件的承诺,在合同中明确一家勘察、设计单位负责整体协调,统一管理,各单位对所承担的勘察、设计质量负责。

4.2.1 工程前期及施工准备阶段

1. 编制外业勘察与地质勘察指导书。根据相关技术标准规范的要求,勘察单位应针对项目区域地形地质、水文气象等特点及工程设计需要,编制外业勘察与地质勘察指导书指导勘察工作。对不良的水文和地质条件,应重点提出相应的防治措施。

2. 勘察成果。勘察单位完成外业勘察、室内试验和资料整理后,经内部审核,形成勘察成果文件。文件成果报送建设单位。

3. 设计文件。设计单位应对勘察成果文件,提出是否满足设计要求的意见;设计文件除符合国家、行业标准外,还应兼顾技术创新和设计标准化、生产工厂化的要求,包括工程质量易出现的通病防治措施、难点处理、安全技术、"四新技术"应用和其他质量管理等内容。

4. 设计交底。在完成施工图设计并经审查合格后,勘察、设计单位应向建设、监理和施工等单位进行设计技术交底,并对设计意图、结构设计特点、工艺要求、施工注意事项做出详细说明。

5. 质量管理体系文件。根据建设单位编制的项目质量管理体系,明确质量目标、质量责任和质量管理措施,形成质量管理文件。

4.2.2 施工阶段

1. 设计服务。设计单位应按照合同要求在施工现场设立代表处或派驻设计代表,提供后续服务,保障设计意图落实,及时处理施工中出现的与设计相关的技术问题。

2. 设计变更。设计单位应及时掌握工程实施情况,对设计文件与实际情况差异较大、不可抗拒的外部因素、施工质量不符等原因引起的,按原设计文件实施不能满足设计要求的应及时处理变更设计,出具设计变更文件。

3. 参与质量问题分析。勘察、设计单位应参与建设工程质量问题分析,提出相应的技术处理方案。

4.2.3 交(竣)工及缺陷责任期

1. 评价意见。项目交工验收前,设计单位应对工程设计符合性提出评价意见,并编制设计总结报告。

2. 问题处理。缺陷责任期间,设计单位应及时处理与设计相关的技术问题,及时提出处理方案,做好技术服务工作。

4.3 监理单位职责

监理单位对施工质量负监理责任。监理单位受建设单位委托,按照法律、法规、规章及技术标准、设计文件和建设工程承包合同等要求,对施工质量实施监理。

4.3.1 施工准备阶段

1. 组建监理工程师办公室(以下简称监理办)。严格按照投标文件的承诺,派遣和组织符合合同要求的监理人员和设施设备进场,在合同要求的时限内建立监理办和内部管理制度。

2. 编制监理规划和监理实施细则。总监理工程师应根据工程特点,有针对性地组织编制监理规划,审批监理实施细则。监理规划由监理单位质量(技术)负责人审核通过后报送建设单位。

3. 质量责任登记表审核。监理办负责对施工单位提交的质量责任登记表进行审核。

4. 工地试验检测管理。应按监理合同要求配备试验检测人员和试验检测设备,试验室的检测参数和负责人等应经过母体试验机构授权。若将试验或检测工作对外委托时,应加强对外委机构的管理,重点对原材料、半成品、商品混凝土等开展进场检测。

5. 第一次工地会议。应由项目监理办组织召开第一次工地会议,建设单位代表、施工单位项目负责人、总监理工程师及相关人员应出席会议。由建设单位代表和总监理工程师对施工准备情况提出意见和要求。

6. 质量管理体系文件编制和审查。监理办应根据项目特点和实际情况编制监理质量管理体系文件,并审查施工单位等其他参建各方提交的质量管理体系文件。

7. 合同履约检查。总监理工程师牵头组织各有关专业监理工程师,重点对项目经理、技术负责人、工地试验室等主要负责人的执业资格及授权文件、主要原材料、构配件、施工设备设施进场、质量目标分解、安全投入等要素履约情况进行检查。

8. 施工组织设计审查。总监理工程师应在合同规定的期限内及时组织审查施工单位提交的施工组织设计,并提出审查意见。

9. 工地试验室审核。对施工单位工地试验室的人员、设备、硬件条件和试验检测能力、管理制度、母体试验机构授权等情况进行审核。

4.3.2 施工阶段

1. 人员、材料、设备核查。在工程实施过程中,对勘察、设计、施工、检测单位及其他技术服务单位等的人员和进场的主要机械、设备等进行核查。

2. 监理方式。监理工程师应采取以巡视为主的方式,定期或不定期进行施工现场监理;按相关规定对主要工程的关键项目进行检测见证,并填写旁站记录,签认检测见证结果;对施工单位自检合格的分部分项工程按有关规定进行抽检。

3. 质量问题处置。发现项目存在工程质量问题,应书面通知责任单位整改;情节严重的,应责令其暂时停工,并书面报告建设单位;对拒不整改或不停工的,应及时书面报告项目主管部门或质量监督机构。

4. 质量风险控制。对地质复杂或结构特殊的港口工程,以及采用新技术、新材料、新工艺、新设备的其他水运工程建设项目,监理办应编制专项监理实施细则,及时审查施工风险评估报告以及施工单位提交的专项施工方案,督促施工单位按照方案组织实施并对"四新技术"应用情况进行总结。隐蔽工程未经监理办验收或检验不合格的,施工单位不得覆盖。

5. 监理台账。做好监理日志、旁站记录、监理月报以及其他监理工作的台账。鼓励采用可视化、信息化等措施对隐蔽工程、水下工程施工等建立台账资料。

4.3.3 交(竣)工及缺陷责任期

1. 编制工程质量评定或评估报告。交工验收前,应根据有关标准和规范要求对工程质量进行检查验证,并编制工程质量评定或评估报告,提交建设单位。

2. 缺陷责任期问题处理。应检查施工单位遗留问题整改情况,对工程质量缺陷要求施工单位修复。

3. 工程款支付证书的签发。缺陷责任期结束,应按合同约定审核施工单位报送的最终结算申请,签发工程款支付证书,报建设单位核准后,返还施工单位剩余的质量保证金。

4.4 施工单位职责

施工单位对所承担的建设项目施工质量负责。施工单位依法将建设工程分包给具有相应资质条件的其他单位的,分包单位应按照分包合同约定就其分包工程的质量向总承包单位负责,总承包单位对分包单位的分包工程质量承担连带责任。工程项目交工验收前,施工单位为工程质量事故报告的责任单位。

4.4.1 工程前期及施工准备阶段

1. 质量管理体系文件。负责编制施工合同段质量管理体系文件,并报送监理单位和建设单位。

2. 施工组织设计和专项施工方案。在施工前,应根据建设项目工程规模、技术复杂程度等实际情况,编制施工组织设计文件,并由施工单位技术负责人批准。对地质复杂或结构特殊的港口工程,以及采用新技术、新材料、新工艺、新设备的其他水运工程建设项目,施工单位应编制专项施工方案;超过一定规模的危险性较大分部分项工程的专项施工方案,还应组织专家评审,经施工单位技术负责人签字确定后,报监理单位。

3. 质量责任登记。施工单位负责编制质量责任登记表,报监理单位审查。

4. 施工"三检"制度。"三检制"是施工单位质量内控制度,要求每道工序均应实行工序自检、交接检、专检。每道工序结束后,由操作人员和班组长按相关要求对工序质量进行检查;然后由下道工序作业的操作人员和班组长对本道已完成的工序质量进行检查验收;最后由专职质检员按设计文件、施工规范、验收标准等进行验收。未经检查或验收不合格的工序,不得转入下一道工序施工。

5. 施工场地布设。应按风险辨识结果,结合工程规模、工期、地形特点等情况合理布设施工场地,各种临时设施等应满足工程安全施工标准化的要求,对风险较高区域应实行严格的进出场管控措施。

6. 设立工地试验室。根据工程质量安全管理需要或合同约定,可在工程现场自行建立工地试验室,也可委托第三方试验检测机构设立工地试验室。工地试验室的检测参数和负责人应经母体试验机构授权。

7. 岗前培训与技术交底。应按规定对施工人员进行岗前培训和风险提示,特种作业人员上岗前还应组织实操考试,未经教育培训或考核不合格的人员,不得上岗作业;组织相关技术人员向参与施工人员就技术质量要求、施工方法与措施、安全风险及应急处置措施等进行技术交底。

4.4.2 施工阶段

1. 质量风险评估。对地质复杂或结构特殊的港口工程,以及采用新技术、新材料、新工艺、新设备的其他水运工程建设项目,应在施工前分解施工作业程序、普查危险源、识别重大风险,针对施工中潜在的质量技术风险等级进行预判,提出施工风险控制措施。

2. 班前交底。负责项目管理的技术负责人和技术人员,应在每日上岗前向施工作业班组、作业人员进行当日施工的具体内容、质量要求、操作要点、安全风险、应急措施等再次交底。

3. 典型(首件)施工。主要分项工程(工序)正式开工前,先行段、试验段,"四新技术"推广应用前,应进行典型(首件)施工,履行班组典型(首件)作业合格确认制。根据典型(首件)工程实施情况对施工工艺、质量控制等进行全面总结,将典型(首件)施工总结报告以及据此修改后的专项施工方案报监理审核。

4. 试验检测。按照设计要求、技术标准和合同约定,对原材料、构配件、商品混凝土、工程实体和机电设备等进行检验,不得擅自减少检验项目或降低检验频率。

5. 质量检查。在每道工序完成后,按"三检制"程序进行检查;未经检查或检查不合格的,不得报监理工程师签字确认。上一道工序未经监理工程师签字确认,施工单位不得进行下一道工序施工。隐蔽工程在隐蔽前,施工单位检查合格后应通知监理办进行检查验收。

6. 质量问题处理。施工过程中发现质量问题或隐患时,施工单位应严格按照有关规定落实整改措施,及时消除质量问题或隐患。

7. 技术档案。应及时、真实、完整地记录施工过程中的质量、技术控制等情况。各项质量管理相关资料要与施工同步形成。

4.4.3 交(竣)工及缺陷责任期

1. 自检自评。完成合同约定的全部工程内容,经施工自检和监理检验评定合格后,提出合同段交工验收申请,报监理办审查。

2. 提交施工总结报告及材料。竣工验收时,施工单位负责提交施工总结报告,提供相关施工资料,配合竣工验收工作。

3. 缺陷责任期问题处理。施工单位应负责对缺陷责任期内出现的质量问题进行处理,承担因施工原因导致的质量问题的处置费用。

4.5 检测及其他技术服务单位职责

检测及其他技术服务单位应在其能力(资质)等级许可范围内承接业务,并承担相应的责任。

1. 人员、设备。应配备与从事技术服务工作相适应的人员、设备及环境条件等。人员及设备中途变更或增减需符合相关规定。

2. 驻场建设。如需设立驻场机构的,应根据合同约定条件和相关规范等的要求进行场地建设。

3. 工作规则。应严格按照法律、法规、规章、标准、规范和合同条件等要求开展技术服务工作。

4. 质量控制。应按照合同约定及时提交相关成果,对成果的合法性、真实性、准确性负责。根据检测等数据进行分析,若发现质量问题、隐患或异常数据等,应及时提交异常情况报告,并对产生原因作出初步分析。

4.6 特许经营项目质量责任

对PPP、BOT、PFT等特许经营项目,建设单位、施工单位应分别建立质量管理体系,并对合同中明确承担的工程质量责任负责。

4.7 设计施工总承包(EPC)质量责任

采用设计施工总承包模式的建设项目,总承包单位应加强对分包工程的管理,对"设计、采购、施工"的质量负责。各成员单位应分别对所承担的工程质量负责,总承包单位承担连带责任。

4.8 联合体质量责任

对联合体投标的项目,联合体各方应当签署协议,明确牵头单位及成员单位应当承担的责任。联合体牵头单位负责对各成员单位的质量管理进行组织协调。成员单位对其所承担的具体工程质量负责。

4.9 质量事故责任

在缺陷责任期结束前,由于施工或勘察、设计等原因使工程不满足技术标准及设计要求,造成结构损毁或一定直接经济损失的质量事故,施工或勘察、设计单位应依法承担相应责任。

无论何种原因导致的水运工程质量安全事故发生后,参建单位应在第一时间启动项目应急预案,及时组织抢险,控制事态发展,并按规定上报事故情况。

5 质量管理流程

水运工程建设项目主要包含项目实施阶段、质量控制关键节点、参建各方质量(目标)任务等要素,应以流程化方式进行融合、匹配,突出强调项目质量管理体系化的作用。

5.1 施工准备期

施工准备阶段,参建各方应根据项目特点、相关规定和项目要求等,在编制建设项目质量管理体系、进行质量责任登记与报备、开展施工图技术交底、对施工组织设计和监理规划进行报批(备)、办理开工令等质量控制关键节点的管理流程中,明确各方任务目标,细化和完善各项建设管理工作的要求。主要内容如表5.1所示。

表5.1 施工准备期质量管理主要内容

序 号	主要内容	序 号	主要内容
1	质量管理体系建立与审批	4	施工组织设计报批(备)
2	质量责任登记与报备	5	监理规划报批(备)
3	施工图技术交底	6	开工令办理

1.质量管理体系建立与审批

施工单位应根据建设单位编制的项目质量管理体系文件,编制相应的质量管理体系文件并进行自评,经监理单位审核后报建设单位(图5.1-1)。

对未通过审批的质量管理体系文件,由施工单位负责修改和完善后重新送审。

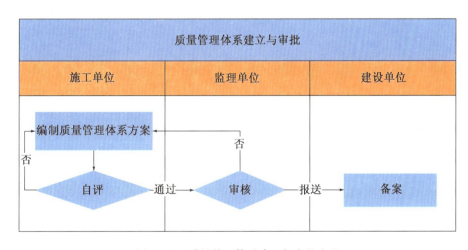

图5.1-1 质量管理体系建立与审批流程

2.质量责任登记与报备

施工单位参照有关规定填写工程质量责任登记表,报监理单位和建设单位审核。质量监督部门对通过审核的质量责任登记表予以留存(图5.1-2)。

对未通过监理单位或建设单位审核的工程质量责任登记表,由施工单位负责修改和完善后重新送审。

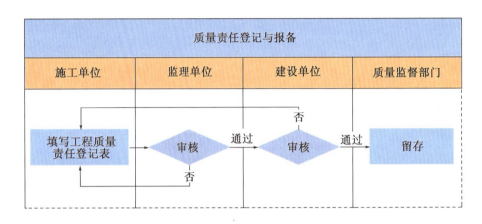

图5.1-2 质量责任登记与报备流程

3.施工图技术交底

建设单位组织设计、施工、监理单位召开施工图技术交底会议。设计单位对施工图纸进行交底、答疑,提供书面答疑意见。建设单位编制施工图技术会审纪要,设计单位据此完善施工图设计(图5.1-3)。

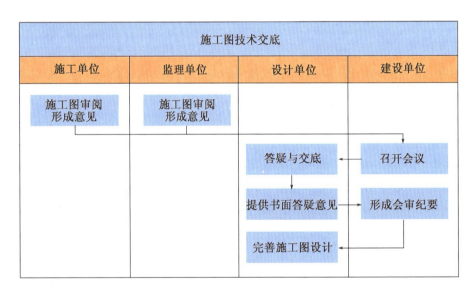

图5.1-3 施工图技术交底流程

4.施工组织设计报批(备)

施工单位编制施工组织设计和专项施工安全风险评估报告,并进行企业内审,通过内审后依次提交监理单位审核、建设单位审批,经监理单位签认后方可实施(图5.1-4)。

对未通过施工单位内审、监理单位审核或建设单位审批的施工组织设计和专项施工安全风险评估报告,由施工单位负责修改和完善后重新送审。

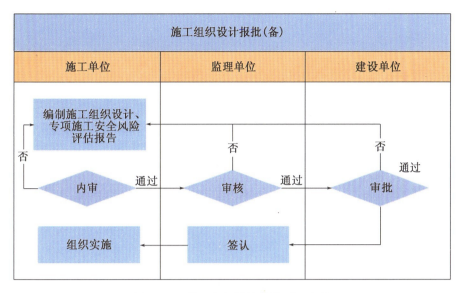

图 5.1-4　施工组织设计报批(备)流程

5. 监理规划报批(备)

项目开工前,监理单位应编制监理规划,经监理单位技术负责人审批后,及时报建设单位。依据监理规划编制监理实施细则,经总监理工程师审批后实施(图 5.1-5)。

对未通过审批的监理规划,由监理单位负责修改和完善后重新审批。

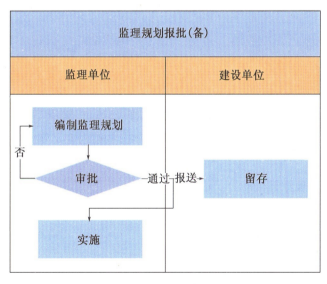

图 5.1-5　监理规划报批(备)流程

6. 开工令办理

施工单位做好人员、材料、设备、场地等开工准备工作后,向监理单位提交开工报告、危险性较大的分部分项工程划分清单、安全生产条件自查情况,经监理单位审核通过再签发开工令,并报建设单位备案。建设单位应审查施工单位安全生产条件,不满足开工条件的应督促整改,暂停工程施工(图 5.1-6)。

对未通过监理单位审核的开工报告,施工单位应继续完善并重新送审。

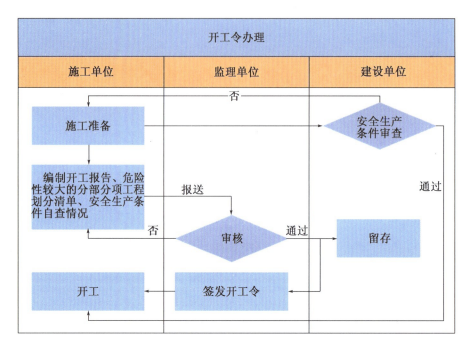

图 5.1-6　开工令办理流程

5.2　施工期

施工阶段,参建各方应根据施工特点,在严格执行典型(首件)工程管理、单位及分部分项工程开工报批(备)、专项施工方案报批(备)、监理实施细则报批(备)、工地试验室报批(备)、质量检查及缺陷整改、设计变更管理等质量控制关键节点的管理流程中,明确各方任务目标,细化和完善各项建设管理工作的要求。主要内容如表5.2所示。

表5.2　施工期质量管理主要内容

序　号	主　要　内　容	序　号	主　要　内　容
1	典型(首件)工程管理	5	工地试验室报批(备)
2	单位工程、分部分项工程开工报批(备)	6	质量检查及缺陷整改
3	专项施工方案报批(备)	7	设计变更管理
4	监理实施细则报批(备)		

1. 典型(首件)工程管理

施工单位应编制典型(首件)工程实施方案和重大风险管控措施评价表,上报监理单位进行审批(核)。方案实施后,施工单位应及时将典型(首件)总结上报提交监理单位审批(核)。总结报告审批(核)通过后,应进一步完善相应的专项施工方案中的工艺工法、技术参数和管理流程,并按修改后的方案组织实施(图5.2-1)。

对未通过监理单位审批(核)的典型(首件)工程实施方案,由施工单位负责改进和完善。

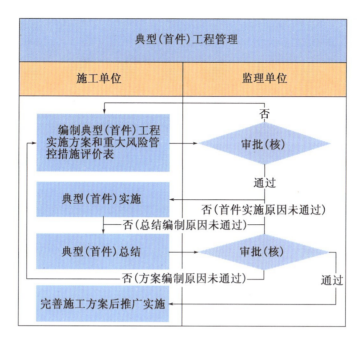

图 5.2-1　典型(首件)工程管理流程

2. 单位工程、分部分项工程开工报批(备)

施工单位编制开工报告,并报送监理单位进行审批,通过后进行签认,由施工单位组织实施。危险性较大的分部分项工程开工申请材料应按规定附上安全生产条件自查情况,同时报监理单位审核(图 5.2-2)。

对未通过监理单位审批的开工报告,施工单位应继续完善施工准备,并重新报批。

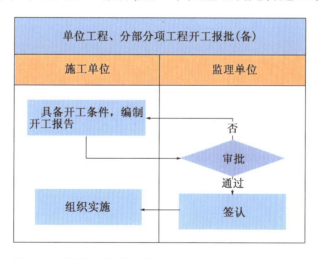

图 5.2-2　单位工程、分部分项工程开工报批(备)办理流程

3. 专项施工方案报批(备)

施工单位结合风险评估情况编制专项施工方案,将通过企业内审的方案依次提交监理单位审核、建设单位审批后,方可实施。对规模较大、施工工艺复杂的专项施工方案,必要时组织专家论证。对无须编制专项施工方案的工程,施工单位应自行细化施工方案(图 5.2-3)。

对未通过施工单位内审、监理单位审核或建设单位审批的方案,由施工单位负责修改和完善并重新报批。

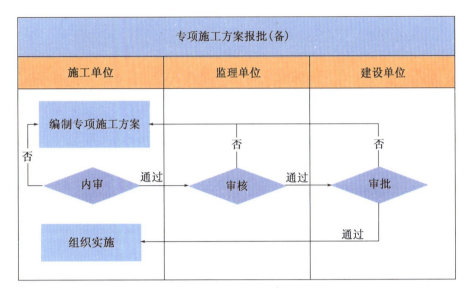

图 5.2-3　专项施工方案报批(备)流程

4. 监理实施细则报批(备)

监理单位应根据监理规划,结合工程专业特点,在相应工程开始前编制监理实施细则,经项目总监理工程师审批,修改完成后报送建设单位留存(图5.2-4)。

对未通过审批的实施细则,由监理单位负责修改和完善后重新报批。

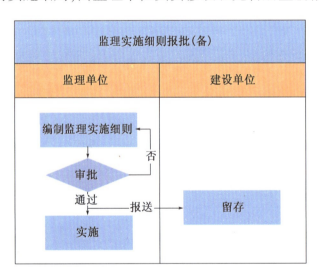

图 5.2-4　监理实施细则报批(备)流程

5. 工地试验室报批(备)

工程实质性开工前,施工单位应上报工地试验室相关资料,经监理单位审核,报建设单位审批并经质监机构登记备案(图5.2-5)。

对未通过建设单位审批的工地试验室相关资料,由施工单位负责修改和完善后重新报批。

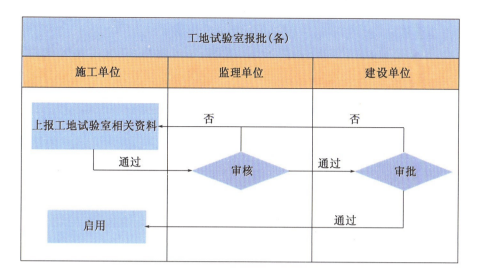

图 5.2-5　工地试验室报批(备)流程

6.质量检查及缺陷整改

监理单位和建设单位在检查过程中发现质量问题或隐患,应及时下发监理通知单或整改通知单,施工单位根据通知单组织整改,自检通过后报监理单位验收,整改验收资料报建设单位备案(图 5.2-6)。

对未通过施工单位自检、监理单位整改验收的,由施工单位继续整改,直至通过。

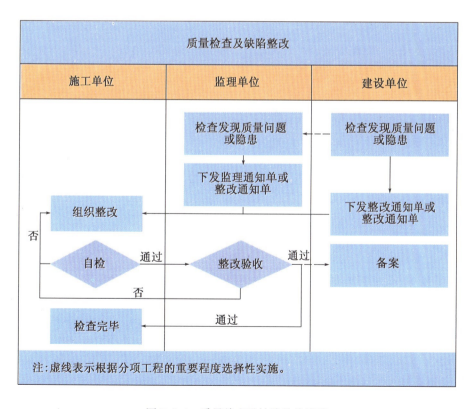

图 5.2-6　质量检查及缺陷整改流程

7. 设计变更管理

建设单位、施工单位、设计单位或监理单位提出设计变更的要求,发出书面变更申请。设计单位应组织复核计算和分析判断,对符合强制性标准和技术规范,满足工程安全、质量、使用功能和环境保护要求的设计变更,出具设计变更文件,并报建设单位审批,监理单位根据设计变更批复文件签发工程变更令,施工单位实施变更工程(图5.2-7)。

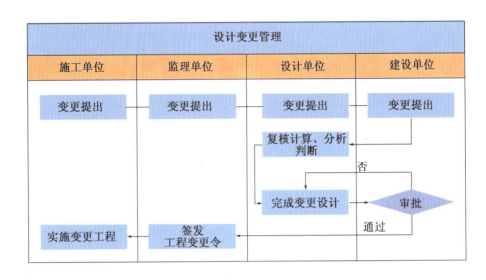

图 5.2-7 设计变更管理流程

5.3 交(竣)工及缺陷责任期

施工单位完成合同约定的全部工程内容后,由建设单位组织交工验收质量检测,向质监部门提出工程竣工质量鉴定申请;对缺陷责任期间发现的质量问题或隐患,明确责任主体后进行整改与验收。主要内容如表5.3所示。

表5.3 交(竣)工及缺陷责任期质量管理主要内容

序 号	主 要 内 容	序 号	主 要 内 容
1	交工验收质量检测	3	缺陷责任期质量问题整改与验收
2	竣工质量鉴定申请		

1. 交工验收质量检测

施工单位根据相关质量检验评定标准对单位工程进行自评。监理单位对施工自评合格的单位工程进行质量评估,建设单位应当组织对工程质量是否合格进行检测,出具交工验收质量检测报告(图5.3-1)。

对质量检测中发现的问题,建设单位应组织整改。对未通过交工验收质量检测的,需在整改完成后重新组织检测。

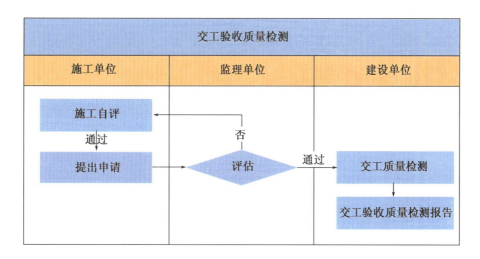

图 5.3-1　交工验收质量检测流程图

2. 竣工质量鉴定申请

对质量问题和隐患完成整改后,由建设单位向质监机构提出工程竣工质量鉴定申请,并按规定提交相关资料。由质监机构对建设项目进行工程质量鉴定(图 5.3-2)。

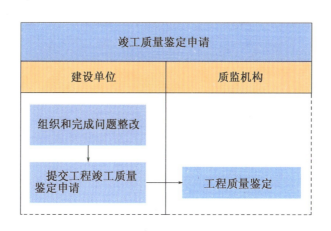

图 5.3-2　竣工质量鉴定申请流程

3. 缺陷责任期质量问题整改与验收

建设单位组织参建各方对缺陷责任期发现的质量问题进行责任界定,施工单位编制整改方案并上报监理单位和建设单位审批,重要的方案由设计单位进行认可。监理单位对其进行过程检查。施工单位在整改结束后向监理单位提交验收申请,经监理单位审核通过后,由建设单位组织整改验收。设计单位参与验收(图 5.3-3)。

对未通过监理单位和建设单位审核的整改方案和缺陷整改结果,由施工单位负责改进和完善后重新提出验收申请。

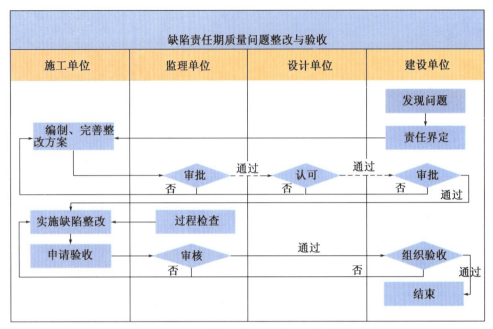

图 5.3-3 缺陷责任期质量问题整改与验收流程

6 质量管理制度

参建各方应建立健全岗位质量责任制,可根据项目特点和合同约定制定相应的质量管理制度(表6)。

表6 参建各方质量管理制度清单(建议)

参建方	序号	制度名称	主要内容及说明
建设单位	1	设计交底及图纸会审制度	明确建设项目设计技术交底及图纸会审的时间、参加单位、交底和会审的主要内容、接收意见并完善设计等内容
	2	施工、监理驻地建设管理制度	按有关部门提出的标准化建设要求及合同约定的驻地建设标准,明确驻地建设审批及验收流程和时限,提出驻地维护的标准、检查方式和考核等内容
	3	开工审批管理制度	严格遵守先审批后开工的原则,未取得开工令前严禁开工。开工审批管理制度应包括合同段(涵盖规模较大、技术复杂的工程)的开工条件、审批流程、检查、整改与处罚等内容
	4	施工组织设计和专项施工方案审批管理制度	明确施工组织设计和专项施工方案的编制范围及具体编制要求、审批流程和监督检查机制等
	5	典型(首件)工程认可制度	对典型(首件)工程的各项施工工艺、技术和质量指标进行综合评价,确定最佳工艺,建立样板工程,指导后续工程施工等
	6	工程物资设备进场管理制度	包括工程物资设备进场管理的要求、进场程序和验收方法,明确参建各方在物资设备进场各环节的具体责任,对检测结果异议进行处理、不合格产品进行处理和处罚等内容
	7	质量检查制度	明确项目施工质量检查的主体、责任、范围、方式、流程及其他工作等内容
	8	质量风险防控制度	包括质量风险辨识,进行风险分析和风险评估,制定并实施风险管控措施与方案等内容
	9	工程分包管理制度	明确分包的范围、条件、程序以及监管要求,同时还应制定转包、违法分包的处罚措施等内容
	10	工程变更管理制度	明确工程变更的条件、基本原则等,并确定各类工程变更的管理权限和审批流程等内容
	11	质量事故报告及处置制度	明确建设项目质量事故定义,规范质量事故上报、处置,配合调查和处理,加强举一反三等内容
	12	工程档案管理制度	明确建设、勘察、设计、监理、施工等单位工程档案管理职责、管理依据、基本要求、检查机制、验收和移交等内容

续上表

参 建 方	序号	制 度 名 称	主要内容及说明
建设单位	13	质量奖惩考核制度	明确建设项目质量奖惩的考核主体、基本原则、考核细则及奖惩实施规则等内容
勘察、设计单位	1	设计服务制度	实施全过程的跟踪配合服务,明确各阶段的工作内容、质量标准、执行人和审核人、质量控制点及阶段性成果等,建立设计过程中的沟通机制、施工过程中问题解决机制,参加项目竣工验收
	2	重大方案审查制度	参与重大方案审查,明确重大方案的界定范围、审查原则、审查职责与流程等内容
	3	设计文件澄清及答疑制度	明确勘察、设计单位就设计文件对参建各方进行必要澄清和答疑的内容、形式、结果处理等内容
	4	设计文件变更管理制度	明确设计变更的类型、规模、原则、程序、修改及审批等内容
监理单位	1	开工报告审批制度	明确开工报告审批单位、审批内容、提供材料及审批流程等内容
	2	工程建设例会制度	明确工程建设过程中出现的包括安全、进度、质量及合同等问题时的沟通协调机制,并确定工程建设例会的参加单位及人员要求、会议周期、会议纪要等内容
	3	施工组织设计和专项施工方案审核制度	明确施工组织设计和各专项施工方案的编制人、企业内部审核机制、项目审批程序、专家评审要求,加强重点、难点工程的技术管理等内容
	4	设计文件图纸审查制度	参与设计文件图纸审查,明确设计文件图纸审查人员、审查材料、记录格式和上报书面意见等内容
	5	分包单位资质审查制度	包括分包单位资质审查的具体内容、报送的资料清单、报送及审批的流程等内容
	6	材料、构配件及设备进场复验制度	明确用于项目的材料、构配件及设备品种、规格、质量及性能符合设计文件及国家相关规范的要求,保险的批次频次要求,项目复验程序,施工过程的监督管理等内容
	7	技术交底制度	包括监理内部技术交底、监理单位对施工单位交底、参加并监督施工单位的技术交底等内容。各种交底应明确交底人、被交底人、具体交底内容等
	8	日常检查、巡查、旁站制度	明确通过日常检查、巡查、旁站等方式加强建设项目质量管理的过程控制等内容
	9	平行和见证检验制度	根据建设项目试验检测管理规划、工作实施细则对工程原材料、构配件、成品、半成品等进行检验的制度
	10	施工测量复核及抽检制度	明确监理对施工测量复核的工作内容、程序及行为规范等内容

续上表

参建方	序号	制度名称	主要内容及说明
监理单位	11	隐蔽工程检查验收制度	明确按照《水运工程施工监理规范》《水运工程质量检验标准》等,规范隐蔽工程验收的依据、方法、抽检内容和工作程序等内容
	12	工程过程检验验收制度	明确工程建设项目单位工程检验、分部分项工程验收及中间验收等环节全过程质量复测要求、验收程序、验收结果处理等内容
	13	工程暂停令签发制度	明确工程暂停施工的依据、停工的时间、复工的条件、需办理的手续等内容
	14	质量事故报告和处理制度	明确质量事故的类别和等级、事故的报告机制、事故的调查与处理、事故责任的追究等内容
	15	监理日志和文档管理制度	明确监理日志所记录的内容、记录的人员、汇总收集注意事项等。文档管理制度则要求明确归档收集的资料、归档的格式、检查机制等内容
	16	质量风险防控制度	包括质量风险辨识,进行风险分析和风险评估,制定并实施风险管控措施与方案等内容
	17	计量支付管理制度	明确计量支付的所需条件、时间要求、所需材料、审批程序等内容
	18	工程变更管理制度	包括变更的类型、变更所需的材料、工程量和单价的确定、手续的办理等内容
	19	进度管理制度	明确施工单位编制进度计划的格式、报送份数、时间节点、出现偏差的分析和调整等内容
施工单位	1	质量责任制度	明确施工单位的质量目标、质量管理职能配置和质量管控流程、质量责任以及分包工程的质量管理等内容
	2	施工技术交底制度	明确技术交底的交底人、交底对象、交底内容(包括施工方法及流程、技术要求、质量标准等)、交底时间、交底方式、交底资料的收集等内容
	3	施工测量及复核制度	明确施工前施工定位复测、交接桩等工作的具体实施程序、原则、内容和形式等内容
	4	工序质量检验制度	明确施工工序质量控制办法,严格执行质量三检,确定基础及隐蔽工程的验收、检查、签认流程等内容
	5	试验检测管理制度	明确材料、施工工序、工程产品等试验检测的具体部门、时间节点、工作步骤、检测部位、检测频率及质量不合格的处理流程等内容

续上表

参建方	序号	制度名称	主要内容及说明
施工单位	6	材料、设备、构配件进场检验管理制度	包含材料、设备、构配件进场报验流程、所需的质量证明材料、试验检测的项目与频率、存储与管理、不合格材料的处理、需要办理的手续等内容
	7	船机设备进退场管理规定	包括船机设备进退场需提供的材料、检查核对的内容、定期检查的时间、操作人员的管理等内容
	8	典型(首件)施工管理制度	明确需要进行典型(首件)施工的范围、实施步骤、主要的施工方法或工艺、施工成果、存在问题及改进措施、技术总结等内容
	9	成品、半成品保护制度	包括施工准备阶段、施工过程、搬(转)运、安装、竣工交付前等各阶段成品、半成品等的具体防护措施,以及损坏处理等内容
	10	"三场"布设制度	包括预制场、拌合站、钢筋加工场等"三场"参照《水运工程施工标准化建设指南》等相关指南及技术标准要求布置和建设等内容
	11	质量风险防控制度	包括质量风险辨识,进行风险分析和风险评估,制定并实施风险管控措施与方案等内容
	12	质量问题处理及事故报告处置制度	包括质量问题或隐患的登记和整改、质量事故报告、现场紧急处置以及配合调查处理等内容
	13	工程分包管理制度	包括施工分包范围、分包单位资质、甲乙双方的职责、过程管理、合同履约、中间支付及结算等内容
	14	工程质量缺陷整改制度	包括分析、确定产生质量缺陷的原因,制定整改措施,以及防止类似问题再次发生,实施工程质量缺陷整改及验收等内容
	15	质量教育培训制度	包括组织召开质量会议,对不同岗位、不同工种人员定期举行质量教育培训的内容、时间、授课人、培训效果考核等内容
	16	工程施工技术总结制度	明确对新技术、新材料、新工艺、新设备且有重大技术难度的工程项目,围绕项目的技术特点、难点,结合所采用的施工工艺和施工方法,突出成功经验和吸取教训,组织编制施工技术总结等内容
	17	竣工资料管理制度	明确各类竣工资料归整的责任部门和范围、对资料管理的检查审核、立卷装订、资料移交等内容

7 质量管理和提升措施

为保证建设工程项目的过程质量,应对影响和决定工程质量的因素严加控制,以各类质量管理工具为载体,通过全面质量管理、典型(首件)工程认可、质量通病治理、班组标准化建设、信息化管理、信用评价、劳动竞赛等应用广泛、效果良好的举措,持续提升建设项目的质量管理水平。

7.1 全面质量管理(TQM)

以建设项目质量管理与提升为核心,以参建各方全员参与为基础,成立项目的质量控制小组,推行 PDCA 循环的工作方法,围绕质量薄弱环节和风险点有针对性地开展 QC 攻关,实现质量管理能力与管理水平的递进提升。参建各方应积极组织管理人员、技术人员参加质量控制活动培训,根据各自质量责任开展相应的质量控制活动并进行总结提升和持续改进。

7.2 典型(首件)工程认可制

同类分项工程或分部工程大面积开工前,尤其是针对主要结构、危险性较大的分部分项工程等,应执行典型(首件)工程认可制,确定该分项工程或分部工程的一段或一部分工程作为典型(首件),验证操作工艺和施工质量控制方法的安全可靠性,以确定最佳工艺方式、技术参数并将工艺流程固定化、标准化,指导后续工程批量生产。

7.3 质量通病治理

质量通病是影响质量耐久性的重要因素,质量通病治理要以管理和技术措施为抓手。管理上应加强施工组织,完善各项制度,落实质量责任,推广标准化、精细化管理;技术上应鼓励研发、推广和采用新技术、新材料,完善工艺流程和标准,严格执行强制性标准。在分项工程开工前,应针对工程复杂程度、施工工艺特点,结合企业自身施工经验,制定质量通病治理实施方案,确定总体要求和基本原则、治理工作重点、实施步骤、检查考核及保障措施。

7.4 质量风险防控

参建各方应重视建设项目质量风险预防和控制工作。组织开展质量风险辨识,进行风险分析和风险评估,制定并实施风险管控措施与方案,引入质量风险防控后评价机制,实现质量风险的预控,使风险保持在可接受范围内。

7.5 班组标准化建设

鼓励推进项目的班组标准化建设,实行班前教育和工后总结制度,对电工、焊工、钢筋工、架子工以及起重司机、指挥和司索工等特殊工种实施岗前实操考试。积极推行班组首次作业合格确认制,强化班组作业标准化、规范化和精细化。全面推行班组人员实名制管理,强化班组的考核与奖惩,夯实基层基础工作。

7.6 信息化管理

积极推广工艺监测、风险预警、隐蔽工程数据采集、远程视频监控等设施设备信息化的集成应用,推进 GIS 与 BIM 等信息化手段的深度融合,推行"智慧工地"建设,提高项目质量控制能力。

7.7 信用评价

建设单位应对其他参建各方履约情况进行信用考核评价,并将评价结果按规定报送。行业主管部门应探索建立本地区参建各方的信用激励机制,将工程质量与行业信用评价、工程招投标等挂钩。

7.8 劳动立功竞赛

开展形式多样的劳动立功竞赛以提升项目质量,引导文明施工。建立健全竞赛表彰奖励制度,鼓励企业技术工人提升服务能力。积极推广运用各类立功竞赛成果,加快竞赛成果向提升建设项目施工质量转化。

7.9 派驻现场质量管理

参建各方应加强企业总部对派驻现场机构的质量管理,建立相应的管控制度,明确派驻现场机构的质量目标与责任,强化现场技术指导,提升派驻现场机构的履约能力。

7.10 专项活动

参建各方应定期或不定期地组织开展施工标准化、品质工程、平安工地等水运工程建设项目质量安全提升的相关专项活动。充分利用落实专项活动的契机,强化参建各方质量管理能力,提升水运工程建设项目质量水平。

8 其他工作

建设项目质量管理体系是界面清晰、内涵丰富的开放型体系,参建各方除完成规定范围内的质量行为外,还需根据行业发展、地区特色、项目情况等做好质量管理信息报送、标准规范动态更新、质量管理体系内审机制等其他工作。

8.1 质量管理信息报送

建设单位需按国家和地区有关规定填报水运工程质量管理信息,对参建各方和从业人员投标行为、合同履约行为、质量安全管理行为等进行考核评价,记录不良行为及其他信用信息,并按照项目管理权限报有关交通运输主管部门。

8.2 标准、规范动态更新

参建各方应及时掌握并更新水运工程建设项目相关标准、规范及行业规范性文件等。对信息来源、目录修改与发布、培训与学习、引用的检查与处罚、查新等方面应做到标准和规范;同时,应加强对新标准、规范等的收集和学习,进一步提升勘察设计、监理、施工、检测及其他技术服务单位的服务水平。

8.3 质量管理体系内审机制

探索建立水运工程建设项目质量管理体系内审机制,对质量管理体系的质量目标与运行程序的实施情况、质量管理职责的履行情况等进行总结与评价,持续优化、完善质量管理体系,提升质量管理体系的适应性。

附

《水运工程建设项目质量管理体系（QMS）实施指南》

条 文 说 明

1 总　　则

1.1 本条阐明了编制《指南》的目的。

本指南旨在规范和加强水运工程建设项目质量管理水平,从项目开始到结束每一阶段、每一环节的质量管理都有据可依,保证质量、安全、进度并控制投资,提高水运工程建设项目施工标准化管理水平,推进水运供给侧结构性改革行动。编制依据主要分为三类:一是法律法规及规章,如:《中华人民共和国航道法》《中华人民共和国港口法》《建设工程质量管理条例》《公路水运工程质量监督管理规定》等。二是政策文件,包括国家发文、部文等。三是引导性文件,如:《交通运输部办公厅关于开展水运工程施工标准化示范创建活动的通知》(交办安监〔2015〕125号)、《关于打造公路水运品质工程的指导意见》(交安监发〔2016〕216号)、《中共中央　国务院关于开展质量提升行动的指导意见》(中发〔2017〕24号),增加落实管理理念有关的规定文件。

1.2 本条规定了《指南》的适用范围。

根据《公路水运工程质量监督管理规定》(交办安监〔2017〕162号)、《水运工程建设项目招标投标管理办法》(交通运输部令2012年第11号)等文件规定,对水运工程的范围进行界定。

根据目前水运工程建设项目全阶段涉及参建主体的实际情况,对参建单位的范围进行界定。

1.3 本条明确了《指南》的基本定义。

根据《工程建设施工企业质量管理规范》(GB/T 50430—2007)和《质量管理体系基础和术语》(GB/T 19000—2016)确定本指南中质量管理体系的定义。

水运工程建设项目管理体系应对参建各方在项目建设过程中具有实际的指导意义,应具有系统性、全面性、科学性和可操作性的特征,因此必须涵盖和明确以下内容:质量目标、质量管理职能配置、质量职责、质量管理流程、质量管理制度、质量管理和提升措施及其他工作。

1.4 本条规定了《指南》的总体定位。

在水运工程建设项目管理体系的构建过程中,建设单位和其余参建各方(包括勘察、设计、监理、施工、检测及其他技术服务单位)的定位有所不同。建设单位负责牵头组织构建总的项目质量管理体系,其他参建各方在此基础上,对各自涉及的质量责任进行明确,对质量环节进行管控,建立相对应的质量管理体系。

1.5 本条规定了对《指南》执行的监督与考核。

在水运工程建设项目的推进和开展过程中,建设单位应根据本指南和有关规定,对其他参建各方提供服务内容的质量按计划进行定期的或不定期的监督检查。在检查过程中,若发现提供的服务内容不能满足相关规定的质量要求,建设单位应责令整改,并在项目后续建设过程中督促其持续改进。建设过程中,监理、施工等单位有派驻机构或个人在现场的,企业本部应强化对其监督检查与考核。

1.6 本条规定了《指南》的持续改进。

各地区在水运工程建设项目的质量管理领域都出台了各自的相关地方性规章、标准、文件等,同时,水运工程建设项目也有很多类型,例如:港口工程、航道工程、航运枢纽、通航建筑物、修造船水工建筑物等及其附属建筑物和设施的新建、改建、扩建及其相关的装修、拆除、修缮等,各个项目的特点也不尽相同。因此,本指南仅对水运工程建设项目质量管理体系构建中的总体框架和重点环节进行规定,各地区水运工程建设项目在执行本指南的基础上,可针对自身实际情况对所建立的体系进行持续改进和更深层次地深化、细化和实化。

2 质量目标

2.1 本条规定了项目质量总目标的确定。

质量总目标是质量管理体系的核心。建设单位作为构建建设项目质量管理体系的牵头单位,应围绕"优质耐久、安全可靠、经济环保"的要求,在项目实施前就制定明确的项目质量总目标。参建单位设置的质量管理机构和进行的一切质量管理行为,都要围绕总目标开展。同时,总目标的设置必须遵守一定的依据,最基础且必须遵守的是相关法律、法规、规章、工程建设强制性标准规定,同时总目标还应体现行业的发展方向,例如品质工程、标准化建设、信息化管理等。总目标确定后,应写入招标文件和合同文件中。

2.2 本条规定了项目质量总目标的细化和明确。

建设单位制定的建设项目质量总目标是参建各方制定各自子目标的总纲领,子目标不得低于总目标。参建各方应根据在质量管理体系中承担的责任和职责,对总目标进行分解和细化,强化重难点管理和质量通病控制。同时,这些细化的目标需要落实为相应的条款,在合同中予以明确,并在项目推进过程中不断强化。

2.3 本条规定了项目质量目标的管理。

参建各方明确各自质量目标后,在项目推进过程中应进行建设项目质量目标管理,应对子目标进行进一步分解,并明确落实到建设全过程中,如:管理层次、管理过程和管理岗位等。

3 质量管理职能配置

3.1 本条明确了参建各方在质量管理体系中的相互关系。

在项目推进过程中,建设单位是质量管理体系的总牵头方和负责方,并对其他参建各方的质量行为进行统筹协调和监督管理;监理单位受建设单位的委托,具有对施工单位的施工质量进行监督、检查的责任;勘察、设计单位应做好设计交底和技术服务,并对施工的关键环节进行指导;施工单位接受勘察、设计单位的技术指导和监理单位的监督、检查,严格按照工程设计图纸、标准、规范和合同约定施工;检测及其他技术服务单位也要根据签订的合同向其他参建各方提供服务和技术支持。

3.2 本条规定了建设项目质量管理职能配置的组成。

质量管理体系能否顺畅、高效运行的关键在于对质量管理人员的管理是否到位。为加强建设项目质量管理人员的组织领导,需建立科学的建设项目质量管理协调机构。首先,参建各方共同组建协调机构,对工程质量管理中的一切活动和资源进行组织和统筹。《指南》中推荐由建设单位项目负责人担任协调机构负责人。其次,参建各方都应根据合同规定和需求配置各自驻现场机构的质量管理岗位,所有的质量管理人员都应接受协调机构的指导。第三,目前有很多项目开始实施代建制(CM),即建设单位委托代建单位来负责整个工程项目的管理。对于这类项目,必须要在委托合同中明确委托双方的质量责任,由代建单位承担建设管理责任,委托单位履行监督职责。此外,随着建设项目投资主体多元化,出现了PPP、BOT等特许经营项目和EPC项目,存在着建设管理和施工是同一方的现象,为避免质量责任混淆不清,建设和施工应分别建立质量管理体系,两方的人员必须分离,从事建设管理的人员不能同时成为施工管理的人员,从事施工管理的人员不能同时成为建设管理的人员。

3.3 本条推荐了建设单位项目质量管理职能配置的框架。

实现对工程质量的管理,需要完备的质量管理职能配置。由于各地区相关规章和标准的不同,《指南》中提供建设单位项目质量管理职能配置的框架,即由项目负责人、质量(技术)负责人、具有质量管理、安全生产管理、工程进度管理、计划合同管理等职能的部门等组成。上述部门作为推荐,不做强制性要求(3.4、3.5、3.6相同)。此外,按照项目建设的实际情况,将大中型建设项目和小型建设项目进行区分设置,前者必须设立独立的质量管理部门,后者可设立独立的质量管理部门,也可设置专职的质量管理人员。

3.4 本条推荐了勘察、设计单位质量管理职能配置的框架。

由于各地区相关规章和标准的不同,《指南》中提供勘察、设计单位质量管理职能配置的框架,即由设计项目负责人,质量(技术)负责人,内设质量负责人(勘察专业负责人,设计专业负责人,其他勘察、设计相关专业负责人等),现场服务人员(派驻现场工程师)等组成。

3.5 本条推荐了监理单位质量管理职能配置的框架。

由于各地区相关规章和标准的不同,《指南》中提供监理单位质量管理职能配置的框架,即由总监理工程师,总监代表,水运工程专业监理工程师,试验、检测专业监理工程师,合同专业监理工程师,测量监理工程师等组成,下设监理员。

3.6 本条推荐了施工单位质量管理职能配置的框架。

由于各地区相关规章和标准的不同,《指南》中提供施工单位质量管理职能配置的框架,即由项目经理、质量(技术)负责人、项目部质监职能配置(具有质量管理、安全生产管理、工程进度管理、计划合同管理等职能的部门)、各专业施工班组、分包队伍等组成。此外,对于实施分包的项目,分包单位也必须针对所分包工程的特点,建立相应的质量管理体系,承担相应的质量管理责任。

4 质量职责

根据《公路水运工程质量监督管理规定》(交通运输部令 2017 年第 28 号)和《建筑工程五方责任主体项目负责人质量终身责任追究暂行办法》(建质〔2014〕124 号)等文件规定,参与新建、扩建、改建的建筑工程项目的相关人员按照国家法律、法规和有关规定,在工程设计使用年限内对工程质量承担相应责任。

4.1 本条规定了建设单位的职责。

根据《中共中央 国务院关于开展质量提升行动的指导意见》(中发〔2017〕24 号)、《公路水运工程质量监督管理规定》(交通运输部令 2017 年第 28 号)、《公路水运工程安全生产监督监督管理办法》(交通运输部令 2017 年第 25 号)等文件规定,《指南》对参建各方的质量责任作出了明确规定:建设单位对建设项目质量负管理责任;勘察、设计单位对勘察、设计质量负责(4.2 勘察、设计单位职责);监理单位对施工质量负监理责任(4.3 监理单位职责);施工单位对所承担的建设项目施工质量负责(4.4 施工单位职责);检测及其他技术服务单位应在资质等级许可范围内承接业务,承担相应的建设项目工程质量责任(4.5 检测及其他技术服务单位职责)。

4.1.1 本条规定了建设单位在工程前期及施工准备阶段的职责。
1. 本款规定了建设单位编制招标文件的职责。

招标文件是招标工程建设的大纲,是实施工程建设的工作依据,招标文件的编制对招标过程和工程推进具有重要影响。为保障质量管理体系在工程建设中更好落实,应将质量目标、安全投入等要素纳入招标文件中,并对重要环节和内容予以明确。

2. 本款规定了建设单位依法招标的职责。

根据《中华人民共和国招标投标法实施条例》(国务院令第 613 号)、《电子招投标办法》(国家发改委等八部委令第 20 号)、《水运工程建设项目招标投标管理办法》(交通运输部令 2012 年第 11 号)等文件规定,建设单位应当将工程发包给具有相应资质等级的单位,依法对工程建设项目的勘察设计、施工、监理以及与工程建设有关的重要设备、材料等的采购进行招标,且不得将建设工程肢解发包。

3. 本款规定了建设单位合同管理的职责。

根据《建设工程质量管理条例》(国务院令第 279 号)、《建设工程项目管理规范》(GB/T 50326—2006)、《水运工程质量监督规定》(交通部 2000 年第 3 号令)等文件规定,建设单位应明确并在合同中落实参建各方的质量目标和质量责任,在项目推进过程中对照合同,严格执行合同履约管理,对不满足合同要求的行为和服务要督促其及时改正。

4.本款规定了建设单位质量管理体系方案审核的职责。

根据《建设工程质量管理条例》(国务院令第279号)等文件规定,建设单位应建立健全项目质量保证体系,制定质量管理制度,设置质量安全管理机构或者配备专职质量安全管理人员,严格履行质量安全管理职责,并负责审核参建单位的质量管理体系方案。

5.本款规定了建设单位质量责任登记表审核的职责。

根据《关于严格落实公路工程质量责任制的若干意见》(交公路发〔2008〕116号)等文件规定,施工前,建设单位负责分级审核经监理办初审通过后的施工(总包)单位的质量责任登记表,审核通过后备案。

6.本款规定了建设单位组织设计文件技术交底的职责。

根据《建设工程质量管理条例》(国务院令第279号)规定,建设单位开工前应当及时组织各参建单位进行设计文件技术交底工作。

7.本款规定了建设单位办理质量监督手续的职责。

根据《公路水运工程质量监督管理规定》(交通运输部令2017年第28号)、《建设工程质量管理条例》(国务院令第279号)等文件规定,建设单位应按规定办理质量监督手续。建设单位应当按照国家规定向交通运输主管部门或者其委托的建设工程质量监督机构提交以下材料,办理工程质量监督手续:(一)公路水运工程质量监督管理登记表;(二)交通运输主管部门批复的施工图设计文件;(三)施工、监理合同及招投标文件;(四)建设单位现场管理机构、人员、质量保证体系等文件;(五)本单位以及勘察、设计、施工、监理、试验检测等单位对其项目负责人、质量负责人的书面授权委托书、质量保证体系等文件;(六)依法要求提供的其他相关材料。

8.本款规定了建设单位办理其他相关必要手续的职责。

根据《建设工程质量管理条例》(国务院令第279号)等文件规定,建设单位只有在开工前获得水上水下施工许可、开工报告批准或完成备案等相关手续后,工程建设项目才能够开工建设。

4.1.2 本条规定了建设单位在施工阶段的职责。

1.本款规定了建设单位督促管理的职责。

根据《建设工程质量管理条例》(国务院令第279号)规定,建设单位应按照相应法律、法规、规章、标准规范等的规定和与参建各方签订合同的要求,督促相关参建单位加强质量管理,对工程质量进行检查,并定期向交通运输主管部门、港口管理部门或者监督机构报告工程项目的质量状况;对发现的工程质量问题,应当及时组织整改。

2.本款规定了建设单位施工标准化建设的职责。

根据《关于打造公路水运品质工程的指导意见》(交安监发〔2016〕216号)和《交通运输部关于印发〈公路水运工程平安工地建设管理办法〉的通知》(交安监发〔2018〕43号)等文件规定,建设单位应督促施工单位落实标准化工地实施方案内容;还应会同监理、施工单位,成立标准化工地建设管理组织,定期对场地布设标准化、工艺标准化、管理行为标准化等施工标准化建设与管理的工作内容进行检查和评价。

3. 本款规定了建设单位质量检查的职责。

根据《建设工程质量管理条例》(国务院令第279号)、《建设工程安全生产管理条例》(国务院令第393号)等文件规定,建设单位应督促其他参建单位按照合同和批准的技术服务方案落实技术服务工作,并对技术服务工作的落实进行检查,对发现的工程质量问题,应当及时组织和督促整改。

4. 本款规定了建设单位建设分包管理的职责。

根据《公路工程施工分包管理办法》(交公路发〔2011〕685号)等文件规定,建设单位应当建立健全项目分包管理制度,负责对分包的合同签订与履行、进度管理、质量与安全管理、计量支付等活动监督检查,及时阻止施工单位的违法分包行为。同时,建设单位还应当按照合同备案制相关要求,将施工合同、监理合同等相关文件向造价管理部门做好备案工作。

5. 本款规定了建设单位设计变更管理的职责。

根据《港口工程建设管理规定》(交通运输部令2018年第2号)、《交通运输部办公厅关于征求〈航道工程建设管理规定(征求意见稿)〉意见的函》(交办水函〔2018〕1261号)等文件规定,建设单位应加强设计变更管理,不得肢解设计变更,对于重大和较大的设计变更,需事先向具有相应权限的交通运输主管部门上报变更申请,经同意后方可组织实施。必要时,建设单位应当组织有关专家、有关部门代表对设计变更方案的必要性和可行性进行审查,并形成书面审查意见。建设单位应及时建立工程设计变更管理台账,定期对设计变更情况进行汇总,每半年将汇总情况报交通运输主管部门备案。工程变更期间造成的损失,建设单位应按合同有关规定给予补偿。

6. 本款规定了建设单位质量风险控制的职责。

参照《建设工程质量管理条例》(国务院令第279号)、《建设工程安全生产管理条例》(国务院令第393号)等文件,结合工程项目实际,建设单位对地质复杂或者结构特殊的港口工程,或者采用"四新技术"的其他水运工程建设项目,在施工前应明确专项质量管理措施和要求,做好质量风险预判,在施工过程中做好技术控制。

7. 本款规定了建设单位质量举报处理的职责。

参照《建设工程质量管理条例》(国务院令第279号)、《建设工程安全生产管理条例》(国务院令第393号)等文件规定,结合工程项目实际,建设项目推进过程中,遇到质量举报事件,建设单位应当严格按照有关要求处理质量事故,并配合相关单位做好事故原因调查分析等工作。

8. 本款规定了建设单位定期考核的职责。

根据《公路水运工程监理信用评价办法》(交质监发〔2012〕774号)规定,项目建设过程中,建设单位应根据行业主管部门的要求,对参建单位项目质量管理、安全生产、合同履约等内容定期进行考核,考核结果的处理应与信用评价和工程计量支付相结合。建设单位应对参建单位的企业状况和履约信誉等内容进行检查和评价,建立信用动态管理台账,及时将信息录入信用评价管理系统,并指定专人负责信用动态管理台账的记录工作,作为每年对参建单位信用评价复评的依据。

9. 本款规定了建设单位档案管理的职责。

根据《建设工程质量管理条例》(国务院令第 279 号)、《交通档案管理办法》(交办发〔2005〕431 号)等文件规定,建设单位应当严格按照国家、行业有关档案管理的规定,做好自身形成的项目文件材料的收集、整理和归档工作,并加强对参建各方文件材料收集归档工作的组织、协调和监督、指导;将项目文件材料立卷归档工作纳入合同及监理工作内容,与工程建设同步管理,保证项目文件材料立卷归档的及时、完整、准确和系统,并及时做好项目档案的移交工作。

4.1.3 本条规定了建设单位在交(竣)工及缺陷责任期的职责。

1. 本款规定了建设单位出具交工验收质量检测报告的职责。

根据《港口工程建设管理规定》(交通运输部令 2018 年第 2 号)、《交通运输部办公厅关于征求〈航道工程建设管理规定(征求意见稿)〉意见的函》(交办水函〔2018〕1261 号)等文件规定,建设项目完工后、正式投入使用前,对工程交工验收、执行强制性标准、投资使用等情况进行全面检查验收。建设单位应组织对工程质量是否合格进行检测,出具交工验收质量检测报告。

2. 本款规定了建设单位报送交工验收资料的职责。

根据《港口工程建设管理规定》(交通运输部令 2018 年第 2 号)、《交通运输部办公厅关于征求〈航道工程建设管理规定(征求意见稿)〉意见的函》(交办水函〔2018〕1261 号)等文件规定,建设单位在出具交工验收质量检测报告后,应连同设计单位出具的工程设计符合性评价意见、监理单位提交的工程质量评定或评估报告一并提交交通运输主管部门或委托的建设工程质量监督机构。

3. 本款规定了建设单位组织交工验收的职责。

根据《港口工程建设管理规定》(交通运输部令 2018 年第 2 号)、《交通运输部办公厅关于征求〈航道工程建设管理规定(征求意见稿)〉意见的函》(交办水函〔2018〕1261 号)等文件规定,对满足交工验收条件的建设项目,建设单位应负责组织各合同段的设计、监理、施工等单位参加交工验收,并邀请行业主管部门参加。

4. 本款规定了建设单位申请或组织竣工验收的职责。

项目具备竣工验收条件时,建设单位应依据《港口工程建设管理规定》(交通运输部令 2018 年第 2 号)等文件规定,试运行经营期内符合竣工验收条件的港口工程建设项目,项目单位应当及时办理港口工程竣工验收手续。期间,建设单位应做好申请或组织竣工验收的相关工作,并按照竣工验收申请所需要的材料清单,向项目提供对应的材料,包括缺陷责任期终止证书、经项目法人和质量监督部门检验认可的工程缺陷修复和尾工处理完毕证明、各工程和项目的专项验收报告、竣工文件、工程竣工质量鉴定报告、竣工决算政府审计报告、各参建单位工作总结报告等。竣工验收过程中,建设单位应根据竣工验收的安排,组织监理办、施工单位做好现场及相关配合工作,接受验收委员会及各验收工作组的检查。

5. 本款规定了建设单位组织问题整改的职责。

缺陷责任期是一种当工程在该时期内出现质量缺陷时,参建单位应当负责维修的担保形式。对交工验收遗留的、竣工验收发现的问题,建设单位应当及时明确责任,并督促相应责任方尽快整改。在缺陷责任期内,若发现建设项目存在质量问题,建设单位应及时组织整改。

4.2 本条规定了勘察、设计单位的职责。

4.2.1 本条规定了勘察、设计单位在工程前期及施工准备阶段的职责。

1. 本款规定了勘察、设计单位的编制外业勘察和地质勘察指导书的职责。

参照《关于进一步加强公路勘察设计工作的若干意见》(交公路发〔2011〕504号)等文件,结合项目实际,勘察、设计单位应根据相应的技术标准规范要求,针对水运工程建设项目区域地形地质、水文特点及工程建设需要,编制外业勘察与地质勘察指导书并报建设管理单位批准,针对不良的水文和地质条件重点提出相应的防治措施。对于大型水运工程建设项目,事先指导书应经建设单位组织相关单位进行审核,审核通过后方可实施。由两家及以上勘察、设计单位承担的项目,总体设计单位应牵头确定总体勘察设计原则,各单位分别编制事先指导书。在地质勘察过程中,勘察、设计单位应根据实际地形和地质变化情况,动态调整工作方法和工作量,方案调整需报建设单位备案,如有重大调整需经建设单位同意后实施。

2. 本款规定了勘察单位完成勘察成果的职责。

参照《关于进一步加强公路勘察设计工作的若干意见》(交公路发〔2011〕504号)等文件,结合项目实际,勘察、设计单位基本完成外业勘察、室内试验和资料整理,并经内部审核后,编制勘察验收成果文件。勘察工作应符合现行相关标准和技术规范的规定,符合项目勘察、设计招投标文件和设计合同书的相关内容,满足项目设计工作的需要。勘察、设计单位应向建设单位提出勘察成果验收申请,并配合验收相关工作。验收不合格的项目,勘察、设计单位应进行补充完善后按程序重新申请验收。

3. 本款规定了设计单位编制设计文件的职责。

根据《建设工程质量管理条例》(国务院令第279号)、《关于打造公路水运品质工程的指导意见》(交安监发〔2016〕216号)等文件规定,设计单位应当根据勘察成果文件进行建设工程设计。设计文件应当符合国家规定的设计深度要求,注明工程合理使用年限。管理举措体现精益建造导向,突出责任落实和诚信塑造,深化人本化、专业化、标准化、信息化和精细化;技术进步展现科技创新与突破,先进技术理论和方法得以推广运用,包括先进适用的新技术、新工艺、新材料、新装备和新标准的探索与完善。结合工程特点有针对性地开展施工质量通病防治相关设计,措施合理。

4. 本款规定了勘察、设计单位设计交底的职责。

在完成施工图设计并经审查合格后,勘察、设计单位应对建设、监理和施工单位等进行设计交底。交底内容主要包括对施工图设计做总体介绍,对设计意图进行说明,针对特殊工艺要求,建筑、结构、工艺、设备等各专业的施工难点、疑点和容易发生的问题等进行说明。

5. 本款规定了勘察、设计单位编制质量管理体系文件的职责。

勘察、设计单位在开展工作前,应根据建设单位编制的项目质量管理体系,明确单位和人员的质量目标、质量责任和质量管理措施,总结形成质量管理文件。

4.2.2 本条规定了勘察、设计单位在施工阶段的职责。

1. 本款规定了设计单位设计服务的职责。

参照《关于进一步加强公路勘察设计工作的若干意见》(交公路发〔2011〕504号)等文件规定,在项目实施过程中,设计单位应按照合同要求在施工现场设立代表处或者派驻设计代表,提供设计后续服务,及时处理施工中出现的有关问题。

2. 本款规定了设计单位设计变更的职责。

根据《公路工程设计变更管理办法》(交通部令2005年第5号)、《关于进一步加强公路勘察设计工作的若干意见》(交公路发〔2011〕504号)等文件规定,设计单位可向建设单位提出工程设计变更的建议。设计变更的意见应以书面形式提出,并应注明变更理由。在施工图设计阶段和项目实施过程中进行重较大设计变更的,设计单位应做好设计变更有关内容,设计变更文件应达到施工图设计深度,并应配合相关单位做好变更审查、申请等工作。

3. 本款规定了勘察、设计单位参与质量问题分析的责任。

根据《建设工程质量管理条例》(国务院令第279号)等文件规定,勘察、设计单位应当参与工程质量事故分析,并对因设计造成的质量事故,提出相应的技术处理方案。

4.2.3 本条规定了设计单位在交(竣)工及缺陷责任期的职责。

1. 本款规定了设计单位评价意见的责任。

根据《港口工程建设管理规定》(交通运输部令2018年第2号)、《交通运输部办公厅关于征求〈航道工程建设管理规定(征求意见稿)〉意见的函》(交办水函〔2018〕1261号)等文件规定,在港口、航道等水运工程交工验收时,设计单位应对工程设计符合性提出评价意见并编制设计总结报告。

2. 本款规定了设计单位问题处理的责任。

对于缺陷责任期内遗留的,因为设计或需要设计解决的缺陷问题处理,设计单位应根据相关的规定和要求提供技术服务。问题处理过程和缺陷解决结果需接受相关单位的监督和检查。

4.3 本条规定了监理单位的职责。

4.3.1 本条规定了监理单位在工程前期及施工准备阶段的职责。

1. 本款规定了监理单位组建监理工程师办公室的责任。

根据《水运工程施工监理规范》(JTS 252—2015)等文件规定,监理工程师办公室(以下简称监理办)代表建设单位对施工质量和安全生产实施监理,并对施工质量和安全生产承担监理责任。监理企业在监理办组建过程中,应严格按照投标文件的承诺,派遣符合合同要求的监理人员和设施设备进场,在合同要求的时限内建立现场监理组织机构和内部管理制度。监理企业应做好监理办标准化建设,监理办的人员选派、驻地选址、办公设施等应满足招标文件要求。

2. 本款规定了监理单位编制监理规划和监理实施细则的责任。

根据《水运工程施工监理规范》(JTS 252—2015)等文件规定,总监理工程师应在规定的期限内主持编制监理规划,经总监理工程师审核并报质量(技术)负责人审批或按合同规定报批后执行。监理规划在实施过程中,根据实际情况变化需要补充、修改和完善时,需经总监理工程师审查批准并报建设单位备案。专业监理工程师应根据监理规划在相应工程开工前主持编制监理实施细则,明确监理的重点、难点、具体措施及方法步骤,经总监理工程师批准后实施。

3. 本款规定了监理单位质量责任登记表审批的责任。

参照《关于严格落实质量责任制管理的若干意见》(交公路发〔2008〕116号)等文件规定,项目施工前,监理办应对施工单位提交的质量责任登记表进行审批。质量责任单位和责任人发生变更时,应按照有关程序履行变更手续。

4. 本款规定了监理单位工地试验检测管理的责任。

根据《水运工程施工监理规范》(JTS 252—2015)、《交通运输部办公厅关于印发公路水运品质工程评价标准(试行)的通知》(交办安监〔2017〕199号)等文件规定,工地试验检测管理应按监理合同要求配备试验检测人员和常规的试验检测设备,试验室的业务范围和负责人等应经过母体试验室授权;所配备的试验检测设备应经过校验或技术监督部门的标定。若将试验或检测工作对外委托时,应审核其营业执照、资质证书、计量认证证书、资质证书核定的试验或检测范围、试验人员岗位证、相关设备的检定情况等,要求其建立监理试验室委外管理制度,定期抽查提供服务是否符合《水运工程施工监理规范》(JTS 252—2015)、《水运工程质量检验标准》(JTS 257—2008)和项目合同对现场质量管理的要求。

5. 本款规定了监理单位第一次工地会议的责任。

根据《水运工程施工监理规范》(JTS 252—2015)等文件规定,监理单位应在工程正式开工前主持召开第一次工地会议,介绍参建各方派驻现场的项目组织机构、人员及分工,明确参建各方的沟通协调机制和要求等。建设单位代表、施工单位项目负责人、总监理工程师及相关人员应出席会议。

6. 本款规定了监理单位质量管理体系文件编制和审查的责任。

根据《水运工程施工监理规范》(JTS 252—2015)和本指南等文件规定,项目监理机构应编制监理质量管理体系文件,并对施工单位等其他参建各方报审的质量管理体系文件进行审查。

7. 本款规定了监理单位合同履行检查的责任。

根据《水运工程施工监理规范》(JTS 252—2015)等文件规定,总监理工程师应牵头组织合同专业监理工程师及各有关专业监理工程师对施工单位质量、环保等保证体系是否落实,重点对项目经理、技术负责人、工地试验室等主要负责人的执业资格和授权文件、主要原材料、构配件、施工设备设施进场、质量目标分解、安全投入等要素履约情况进行检查。

8. 本款规定了监理单位施工组织设计审查的责任。

根据《水运工程施工监理规范》(JTS 252—2015)等文件规定,总监理工程师应在合同规定的期限内及时审查施工单位提交的施工组织设计。技术复杂或采用新技术、新工艺或在特殊季节施工的分项、分部工程和危险性较大的分部工程,应要求施工单位编制专项施工方案,并按有关规定审批。

9. 本款规定了监理单位工地试验室审核的责任。

根据《水运工程施工监理规范》(JTS 252—2015)等文件规定,监理单位对工地试验室的审核内容主要包括:工地试验室在工地所在地的水运工程质量监督机构备案登记情况;母体资质、授权开展的试验检测项目、实验人员的资格;试验设备的规格、数量及计量检定情况;试验室场地、环境情况;试验室管理制度等。

4.3.2 本条规定了监理单位在施工阶段的职责。

1. 本款规定了监理单位对人员、材料、设备核查的责任。

根据《水运工程施工监理规范》(JTS 252—2015)等文件规定,在工程实施过程中,监理单位对勘察、设计、施工、检测单位及其他技术服务单位等的人员和进场的材料、设备、构配件等进行核查,并做好记录。

2. 本款规定了监理单位的监理方式。

根据《水运工程施工监理规范》(JTS 252—2015)和《水运工程质量检验标准》(JTS 257—2008)等文件规定,监理工程师应采取以巡视为主的方式进行施工现场监理,按计划定期或不定期巡视施工现场,并做好巡视记录。监理机构应安排监理人员对规定旁站项目的施工过程进行旁站,对主要工程的关键项目进行检测见证,并填写旁站记录,签认检测见证结果。监理机构应在施工单位自检合格的基础上按照相关规定进行抽检,并填写抽检记录。

3. 本款规定了监理单位质量问题处置的责任。

根据《水运工程施工监理规范》(JTS 252—2015)等文件规定,项目监理机构发现施工存在质量问题或质量隐患时,应及时签发监理通知单,要求施工单位整改,整改完毕后应向项目监理机构报送相应的监理通知回复单,项目监理机构应进行复查并签署意见。发现施工存在重大质量隐患时,总监理工程师应及时下达工程暂停令,要求施工单位采取措施,消除质量隐患,施工单位无正当理由拒不执行监理指令或不按指令要求进行整改的,项目监理机构应及时向建设单位、项目主管部门或质量监督机构报告,并有权拒绝进行工程计量。

4. 本款规定了监理单位质量风险控制的责任。

根据《水运施工监理规范》(JTS 252—2015)等文件规定,项目监理机构应对下列工程编制专项监理实施细则:(1)危险性较大的工程;(2)采用新技术、新工艺、新材料和新设备的工程;(3)专业性强、技术复杂、施工难度大,且施工单位编制了专项施工方案的工程。采用新技术、新工艺、新材料、新设备工程的专项施工方案审核时,项目监理机构应要求施工单位提供证明其达到设计与质量验收标准的有关材料;必要时,应要求施工单位组织专题论证。

5. 本款规定了监理单位监理台账的责任。

根据《水运工程施工监理规范》(JTS 252—2015)等文件规定,监理办应当做好监理管理文件、质量监理文件、监理日志、巡视记录、旁站记录、监理月报、监理工作报告以及其他监理工作的台账,并派专人对施工质量台账进行动态管理。鼓励采用可视化、信息化等措施对隐蔽工程、水下工程施工等建立台账。

4.3.3 本条规定了监理单位在交(竣)工及缺陷责任期的职责。

1. 本款规定了监理单位编制工程质量评定或评估报告的责任。

根据《公路水运工程质量监督管理规定》(交通运输部令2017年第28号)等文件规定,监理单位应按规定审查施工单位提出的合同段交工验收申请、审核施工单位编制的竣工图,应根据监理工作情况及工程评定结果,对是否同意交工验收进行审查并签署意见。应按照工程验收办法等规定,完成合同段工程质量评定、归集整理工程监理资料、编制工程质量评定或评估报告,并提交建设单位。

2. 本款规定了监理单位缺陷责任期问题处理的责任。

根据《水运工程施工监理规范》(JTS 252—2015)等文件规定,在缺陷责任期,监理工程师应根据合同要求配备缺陷责任期的监理人员,配合建设单位做好责任期内监理工作,监理机构应检查施工单位遗留问题整改情况,并检查工程质量,对工程质量缺陷要求施工单位修复,调查缺陷产生的原因,确认责任和修复费用。

3. 本款规定了监理单位工程款支付证书签发的责任。

根据《水运工程施工监理规范》(JTS 252—2015)等文件规定,在合同段缺陷责任期结束后,监理单位应按合同约定审核施工单位报送的最终结算申请,签发工程款支付证书,报建设单位核准后返还施工单位剩余的质量保证金。

4.4 本条规定了施工单位的职责。

4.4.1 本条规定了施工单位在工程前期及施工准备阶段的职责。

1. 本款规定了施工单位编制质量管理体系文件的责任。

根据《建设工程质量管理条例》(国务院令第279号),明确施工单位要建立三种内控制度:第二十六条,施工单位应当建立质量责任制;第三十条,施工单位必须建立、健全施工质量的检验制度;第三十三条,施工单位应当建立、健全教育培训制度。因此,施工单位应当建立健全质量管理体系,明确质量方针、质量目标和质量责任;同时应建立质量检测体系及流程,制定质量管理制度,提出质量保证措施,对工程施工实施质量控制,最终形成质量管理文件。

2. 本款规定了施工单位编制施工组织设计和专项施工方案的责任。

根据《建设工程安全生产管理条例》(国务院令第393号)等文件规定,施工单位应在对工程进行全面施工调查和现场核对后,根据设计要求、合同条件及现场情况等,编制实施性施工组织设计。对技术复杂的工程,应进行多方案比选,编制安全可靠、技术可行、经济合理的专项施工技术方案和专项安全技术方案,并报施工单位技术负责人审批和监理审核。对拟采用"四新技术"的工程项目,应提前做好试验研究和论证工作;对超过一定规模的危险性较大分部分项工程的专项施工方案,应组织专家评审,经施工单位技术负责人签字确认后,报监理单位,以保证施工顺利进行。

3. 本款规定了施工单位质量责任登记的责任。

根据《关于严格落实公路工程质量责任制的若干意见》(交公路发〔2008〕116号)规定,施工单位应当按照有关责任制管理要求加强责任制登记管理。施工前,施工(总包)单位的质量责任登记表经监理办初审后由建设单位负责审查。有分包的项目,施工分包单位的工程质量责任制登记表应当由总包单位确认,监理办初审后由建设单位审核、备案。质量责任单位和责任人发生变更时,应按照有关程序履行变更手续。施工单位还应在现场驻地或重要的分部、分项工程施工现场设置明显的工程质量责任登记公示牌。

4. 本款规定了施工单位实施事故"三检"制度的责任。

根据《关于打造公路水运品质工程的指导意见》(交安监发〔2016〕216号)等文件规定,工程项目应建立质量目标导向管理机制,严格执行工序自检、交接检、专检"三检制"。未经检查或验收不合格的工序,不得转入下一道工序施工。其中,值得强调的是,"质检部专检"是质量管理环节和质量施工环节的交界点,应重点突出"质检部专检"的权力和责任,强化施工单位自检力度,如:施工单位质检人员资质、备案、签字权限等。

5. 本款规定了施工单位施工场地布设的责任。

根据《交通运输部关于印发〈公路水运工程平安工地建设管理办法〉的通知》(交安监发〔2018〕43号)等文件规定,施工单位应当按照风险辨识结果,结合工程的规模、工期、地形特点等情况合理布置施工场地,所设置的各种临时设施应满足工程施工的需要和安全施工标准化的要求,对风险较高区域实行严格的进出场管控措施,场地内的临时建筑物标准应满足交通运输行业的有关规定,且应满足建设部门有关规定,如《施工现场临时建筑物技术规程》(JGJ/T 188—2009)等。

6. 本款规定了施工单位设立工地试验室的责任。

根据《关于进一步加强公路水运工程工地试验室管理工作的意见》(厅质监字〔2009〕183号)等文件规定,施工单位根据工程质量安全管理需要或合同约定,在工程现场可自行建立工地试验室,也可委托第三方试验检测机构设立工地试验室。设立工地试验室的母体试验室应具有相应的《公路水运工程试验检测机构等级证书》,在其证书核定的范围内对工地试验室进行授权。对一些试验条件要求相对较高、技术难度较大的试验检测项目,应当委托符合条件的试验检测机构承担。工地试验室应在工程实质性开工前向工程所在地质监机构备案。

7. 本款规定了施工单位岗前培训和技术交底的责任。

根据《中华人民共和国安全生产法》(中华人民共和国主席令第十三号)、《施工企业安全生产管理规范》、《特种作业人员安全技术培训考核管理规定》(国家安全生产监督总局令第30号)等文件规定,施工单位应当建立健全安全生产教育培训制度。施工单位各管理层应在作业人员进场前、转岗、节假日、事故后,采用新设备、新工艺等进行针对性安全生产教育培训,特种作业人员上岗前还应组织实操考试。不具备安全生产教育培训条件的企业,应当委托具有相应资质的安全培训机构,对从业人员进行安全培训。未经安全生产教育培训或者培训不合格的人员,不得上岗作业。施工企业安全生产教育培训应贯穿于生产经营过程,教育培训应包括计划编制、组织实施和人员持证审核等工作内容。

4.4.2 本条规定了施工单位在施工阶段的职责。

1. 本款规定了施工单位质量风险评估的责任。

施工单位对地质复杂或者结构特殊的港口工程,或者采用"四新技术"的其他水运工程建设项目,在施工前分解施工作业程序、危险源普查、识别重大风险,并针对施工过程中潜在的质量技术风险等级进行预判,提出施工风险控制措施,强化施工单位的质量风险防控能力。

2. 本款规定了施工单位班前交底的责任。

在每日上岗前,负责项目管理的技术负责人和技术人员应按批准的施工组织设计或专项安全技术措施方案,就当日施工的具体内容、质量要求、操作要点、安全风险、应急措施等,向施工作业班组、作业人员进行明确。

3. 本款规定了施工单位典型(首件)施工的责任。

根据《关于打造公路水运品质工程的指导意见》(交安监发〔2016〕216号)等文件规定,结合项目实际,主要分项工程(工序)正式开工前,施工单位应进行典型(首件)施工(试验段),履行班组首件作业合格确认制。根据典型(首件)施工(试验段)实施情况,对施工工艺、质量控制等进行全面总结,报监理审核;施工单位按照典型(首件)检查验收结果实施分项质量控制。施工单位应对重要结构关键节点的人员、材料、设备及工艺进行抽查,按照规定工艺流程和要求实施相关工作。

4. 本款规定了施工单位试验检测的责任。

根据《建设工程质量管理条例》(国务院令第279号)、《公路水运工程试验检测管理办法》(交通运输部令2016年第80号)等文件规定,水泥、砂石、外加剂、常用产品等施工原材料应在开工前通过试验确定。各种原材料进场时应按照有关规定进行质量检测和试验工作;进场后应根据不同的品种、规格及用途分别妥善存放,对容易受潮、锈蚀的材料应有防雨、防潮、防锈的措施。施工单位必须按照设计要求、技术标准和合同约定,对建筑材料、建筑构配件、设备和商品混凝土进行检验，不得擅自减少检验项目或降低检验频率，对涉及结构安全的试块、试件以及钢绞线、锚具、支座、水泥、沥青等重要材料或产品的外委试验，应当在监理的见证下取(送)样。取(送)样人、见证人应当对试样的真实性负责，检验应当有书面记录和专人签字；未经检验或者检验不合格的，不得使用。施工单位应严格按照有关规定加强常用产品管理，做好常用产品的登记、检测等工作。

5. 本款规定了施工单位质量检查的责任。

施工单位应强化施工质量主体责任意识，在每道工序完成后，按照规定进行检查，未经检查或者检查不合格的，不得报监理工程师签字确认。上一道工序未经监理工程师签字确认，施工单位不得进行下一道工序施工。施工单位应重点加强对桥梁(码头、护岸)桩基和基础、桥梁预应力构件、软土地基处理、船闸工程主体(放水前)、房建工程基础和主体(装饰前)等关键工序或隐蔽工程进行中间检测。根据《建设工程质量管理条例》(国务院令第279号)，隐蔽工程在隐蔽前，施工单位应当通知建设单位和建设工程质量监督机构。

6. 本款规定了施工单位质量问题处理的责任。

施工单位应进行质量问题或隐患排查，并按"三检制"程序及时向建设单位、监督机构报送统计信息。应建立质量问题治理跟踪监控制度，在隐患尚未消除前应当指定专职生产管理人员，定期对隐患整改处理情况进行检查、记录，建立隐患监控档案，掌握隐患动态。施工单位应严格按照有关规定落实整改措施，及时消除质量问题或隐患。

7. 本款规定了施工单位建立完善技术档案的责任。

施工单位在各分项工程施工中，应有完整的施工原始记录、试验数据及分项工程自查(检)数据等质量保证资料，施工原始记录应填写完整并经技术人员签字确认，需监理人员签认的应现场签认。施工单位应当建立施工技术档案，及时、真实、完整地记录施工过程中的质量、技术控制情况。各项质量管理资料要与施工同步形成。

4.4.3 本条规定了施工单位在交(竣)工及缺陷责任期的职责。

1. 本款规定了施工单位自检自评的责任。

根据《水运工程施工监理规范》(JTS 252—2015)，施工单位完成合同约定的全部工程内容，且经施工自检和监理检验评定均合格后，提出合同段交工验收申请报监理办审查，交工验收申请应附自检评定资料和施工总结报告。

2. 本款规定了施工单位提交施工总结报告及材料的责任。

根据《港口工程建设管理规定》(交通运输部令2018年第2号)等文件规定，竣工验收时，施工单位负责对施工情况进行总结，提交施工总结报告以及相关施工资料，以配合竣工验收相关工作的完成。

3. 本款规定了施工单位缺陷责任期问题处理的责任。

根据《港口工程建设管理规定》(交通运输部令2018年第2号)等文件规定，工程交工验收合格经批准投入试运营后，施工单位应严格按照合同约定对工程试运营期间出现的由施工原因引起的质量问题及时进行处理。

4.5 本条规定了检测及其他技术服务单位的职责。

1. 本款规定了检测及其他技术服务单位配备人员、设备的责任。

试验、监控量测及其他技术服务单位应按照国家及行业规定,依法取得相应的从业资格,并在资格许可范围内依合同约定承担公路水运工程建设项目的技术服务。技术服务单位投入的人员、检测设备等应符合招标文件要求。人员应当持有相应的执业资格(证书),受聘或登记在其从业单位,不得同时受聘或登记在两家以上机构。技术服务设备的现场布置、临时用电、设备安置、防台、防汛、通信、避雷等必须符合有关技术规定的要求。中途人员及设备变更或增减需符合相关规定。

2. 本款规定了检测及其他技术服务单位的驻场建设责任。

根据水运工程建设项目的规模、重要程度及特殊要求等,履行合同和相关规范等要求,可要求技术服务单位组织驻场建设。

3. 本款规定了检测及其他技术服务单位设立工作规则的责任。

检测及其他技术服务单位应严格按照法律、法规、规章、标准、规范、规程和合同等要求开展技术服务工作。技术服务单位与其所服务工程项目的施工单位、监理办有隶属关系或者其他利害关系的,不得接受委托。同一公路水运工程标段中的同一技术服务内容,技术服务单位不得同时接受业主、监理、施工等单位的委托。应依据合同(或委托书)承担水运工程建设项目委托的业务,不得转包、违规分包。

4. 本款规定了检测及其他技术服务单位实施过程中的质量控制责任。

检测及其他技术服务单位应按照合同约定及时提交相关成果,对成果的合法性、真实性、准确性负责。未经委托人同意,技术服务单位不得擅自公开检验报告或者其数据、结果。技术服务单位及其工作人员应当依法保守检测服务过程中知悉的国家秘密、商业秘密、技术秘密和个人隐私。应进行检测数据的实时分析和阶段分析,根据数据及时进行分析,发现质量问题、隐患或异常数据等,分析原因并提交异常报告。

4.6 本条规定了特许经营项目的质量责任。

目前,水运工程建设项目中存在着 PPP、BOT、PFT 等投资主体多元化的特许经营项目,现阶段对于该类项目工程质量管理的法律法规体系尚未健全、完善,因此,参建各方质量责任的界定主要通过合同条款规定来约束。故在项目开展前期,需在合同中设立系统、具体、准确地体现参建各方的项目质量责任条款。

4.7 本条规定了设计施工总承包(EPC)的质量责任。

设计施工总承包(EPC)是一种新型的项目创新管理模式,是指将建设项目的施工图勘察、设计、工程施工等工程内容由总承包单位统一实施的承发包方式。该模式能够促进设计和施工紧密结合,有利于资源的优化和配置,更好地保证设计与施工质量。根据《水运建设市场监督管理办法》(交通运输部令2016年第74号),对于采用设计施工总承包模式的,总承包单位是建设项目质量的总负责方,既要对建设工程的勘察、设计、采购等服务质量和施工质量负总责,也要对所有专业分包人的质量行为负总责。同时,各成员单位应分别对其所具体承担的工程质量责任负责。

4.8 本条规定了联合体的质量责任。

联合体投标是填补资源和技术缺口,提高企业竞争力以及分散、降低企业经营风险,提升工程建设项目质量的一种良好方式。不同于设计施工总承包模式,联合体各方应当签署协议明确各方责任,联合体牵头单位对其成员单位的责任是组织协调,并不对工程质量负总责,而各成员单位应根据相应法律、法规、规章、标准以及项目合同,对其所承担的项目工程质量承担责任。

4.9 本条规定了参建各方的质量事故责任。

在缺陷责任期结束前发生结构损毁或一定直接经济损失的质量事故,参建各方应按事故原因承担相应经济损失并承担相应法律责任。同时,应迅速按照相关法律、法规以及应急预案规定,及时对事故响应,将事故影响降到最低,并按规定上报。

5 质量管理流程

本章阐述的质量管理流程是水运工程建设不同阶段较重要质量管理工作的一般性流程,各地区可根据地方实际和项目特点对流程进行细化与优化。

5.1 本条阐述了水运工程建设项目施工准备期的质量管理工作流程。

1. 本款列出质量管理体系建立与审批的工作流程。

根据《建设工程质量管理条例》(国务院令第279号)等文件规定,施工单位应当建立健全质量管理体系,明确质量方针、质量目标和质量责任;同时应建立质量检测体系及流程,制定质量管理制度,提出质量管理和提升措施,对工程的施工实施质量控制,编制形成质量管理体系文件。

基本工作流程为:施工单位编制质量管理体系文件并进行自评,监理单位对通过自评的文件进行审批,审批通过后报送建设单位备案。对未通过自评和审批的质量管理体系文件,由施工单位负责修改和完善,直到审批通过。

2. 本款列出质量责任登记与报备的工作流程。

根据《关于严格落实质量责任制管理的若干意见》(交公路发〔2008〕116号)等文件规定,施工单位应当按照有关责任制管理要求加强责任制登记管理。施工前,施工(总包)单位的质量责任登记表经监理办初审后由建设单位负责审核。有分包的项目,施工分包单位的工程质量责任制登记表应当由总包单位确认,监理办初审后由建设单位审核、备案。质量责任单位和责任人发生变更时,应按照有关程序履行变更手续。施工单位还应在现场驻地或重要的分部、分项工程施工现场设置明显的工程质量责任登记公示牌。

基本工作流程为:施工单位编制质量责任登记表,交监理单位和建设单位审核。质量监督部门对通过建设单位审核的质量责任登记表进行留存。对未通过监理单位或建设单位审核的质量责任登记表,由施工单位负责修改和完善,直到审批通过。

3. 本款列出施工图技术交底的工作流程。

参照《建设工程勘察设计管理条例》(国务院令293号)等文件规定,建设单位应在工程实施前组织施工图技术交底会议,参加人员应包括设计单位项目负责人、设计代表,监理办驻地监理及各专业监理工程师,施工单位项目经理、技术负责人、各专业工程师等。施工图技术交底内容包括设计意图、结构设计特点、工艺要求、施工中注意事项等,并对施工图设计文件的问题或疑点,进行书面答复或现场解答。

基本工作流程为:设计单位向建设单位提供图纸并由其及时下发到监理单位和施工单位。监理单位和施工单位及时组织本单位人员对图纸进行审阅,并提出发现的问题。

建设单位组织设计、施工、监理单位召开图纸会审会议和设计交底会议。设计单位在会议中解答参建各方关于施工图纸的问题，并与参建各方共同商定讨论，对有关内容进行调整，提供书面答疑意见。建设单位整理形成施工图技术会审纪要，设计单位根据会议纪要修改完善施工图设计。

4. 本款列出施工组织设计报批（备）的工作流程。

参照《建设工程安全生产管理条例》（国务院令393号）等文件规定，施工单位应在对工程进行全面施工调查和现场核对后，根据设计要求、合同条件及现场情况等，编制实施性施工组织设计。

基本工作流程为：施工单位编制施工组织设计和施工安全专项风险评估报告，对通过内审的设计方案报由监理单位进行审核，通过后提交建设单位进行审批，审批通过后由监理单位签认并由施工单位组织实施。对未通过施工单位内审以及监理单位或建设单位审批的施工组织设计和施工安全专项风险评估报告，由施工单位负责修改和完善，直到审批通过。

5. 本款列出监理规划报批（备）的工作流程。

根据《水运工程施工监理规范》（JTS 252—2015）等文件规定，监理单位应编制监理规划，经监理单位审批通过后报建设单位备案。当工程监理实施情况发生重大变化时，监理规划应及时修订。监理实施细则应由专业监理工程师编制，经总监理工程师审批后实施；监理实施细则应符合监理规划的要求，结合专业工作特点，具有可操作性。监理实施细则应在相应工程开始前编制完成。

基本工作流程为：由监理单位编制监理规划，并经监理单位技术负责人审批，通过后报送建设单位备案，同时根据意见和建议及时修改完善监理规划的有关内容。对未通过审批的监理规划，由监理单位负责修改和完善后重新审批。

6. 本款列出开工令办理的工作流程。

根据《水运工程施工监理规范》（JTS 252—2015）等文件规定，监理工程师收到施工单位提交的合同工程开工申请后，应对合同工程的开工条件进行核查。具备开工条件的，由总监理工程师签发合同工程开工令，并报建设单位备案。

基本工作流程为：施工单位做好人员、材料、设备等开工准备工作，并将编制完成的开工报告、危险性较大的分部分项工程划分清单和安全生产条件自查情况上报至监理单位进行安全生产条件审查和审核。建设单位对通过监理单位审核的材料留存。同时，监理单位签发开工令。建设单位应审查施工单位安全生产条件，不满足开工条件的应督促整改，暂停工程施工。对未通过监理单位审核的开工报告，交回施工单位继续完善施工准备，并重新编制。

5.2 本条阐述了水运工程建设项目施工期的质量管理工作流程。

1. 本款列出典型（首件）工程管理的工作流程。

主要分项工程（工序）正式开工前，施工单位应进行典型（首件）工程管理（试验段），根据典型(首件)工程管理(试验段)实施情况对施工工艺、质量控制等进行全面总结,报监理审批(核);施工单位按照典型(首件)检查验收结果实施分项质量控制。施工单位应对重要结构的关键节点的人员、材料、设备及工艺进行抽查,按照规定工艺流程和要求实施相关工作。在开工前,应编制典型(首件)工程管理计划,需要建设单位审批的重要项目应在此计划中说明。

基本工作流程为:施工单位编制典型(首件)工程实施方案和重大风险管控措施评价表,并上报监理单位进行审批(核),对通过审批(核)的方案负责实施和总结。施工单位将典型(首件)总结上报监理单位进行审批(核)。施工单位对通过审批(核)的典型(首件)工程完善后积极推广实施。对未通过监理单位、建设单位审批(核)的方案,由施工单位负责改进和完善。总结报告审批(核)通过后,应在完善相应施工工艺、工法、参数和管理流程等施工方案各项要素后推广实施。对未通过监理单位审批(核)的总结,分析具体原因,因方案编制原因未通过的,由施工单位重新进行编制;因实施原因未通过的,由施工单位重新进行实施;因总结编制原因未通过的,由施工单位重新进行总结。

2. 本款列出单位工程、分部分项工程开工报批(备)的工作流程。

根据《水运工程施工监理规范》(JTS 252—2015)等文件规定,监理单位应当及时对施工单位的分部分项工程的开工申请进行审查,并在规定期限内批复,对关键工序、特别是隐蔽工程进行签认。

基本工作流程为:施工单位编制开工报告,并报送监理单位进行审批。监理单位根据合同、设计图纸等文件,对施工单位分部分项工程开工条件(包括人、机、材料等)进行审批,通过后由监理单位进行签认,施工单位组织实施。危险性较大的分部分项工程开工申请材料应按规定附上安全生产条件自查情况,同时报监理单位审核。对未通过监理单位审批的开工报告,返还施工单位继续完善施工准备,并重新编制。

3. 本款列出专项施工方案报批(备)的工作流程。

根据《建设工程安全生产管理条例》(国务院令393号)等文件规定,对基坑支护与降水工程、土方开挖工程、模板工程、起重吊装工程、脚手架工程、拆除、爆破工程等技术复杂的工程,应进行多方案比选,编制安全可靠、技术可行、经济合理的专项施工技术方案和专项安全技术方案,并报施工单位技术负责人审批、监理单位审核、建设单位审批。对拟采用"四新技术"的工程项目,应提前做好试验研究和论证工作,保证施工顺利进行。

基本工作流程为:施工单位结合风险评估情况编制专项方案,对通过内审的方案报由监理单位进行审核,通过后提交建设单位进行审批。重大专项方案需要设计单位签认,并组织专家论证。审批通过后由施工单位组织实施。对未通过施工单位内审以及监理单位或建设单位审批的施工组织设计和专项技术方案,由施工单位负责修改和完善。

4. 本款列出监理实施细则报批(备)的工作流程。

根据《水运工程施工监理规范》(JTS 252—2015)等文件规定,对技术复杂、专业性较强的分部分项工程,尚应编制专项监理细则,并经总监理工程师审批。监理过程中,监理细则应根据工程实际变化情况进行补充、修改。

基本工作流程为:监理单位根据监理计划编制监理实施细则,经监理单位审批通过,并根据修改意见和建议进行完修改,完成后报建设单位审批留存。对未通过审批的实施细则,由监理单位负责修改和完善后重新报批。

5. 本款列出工地试验室报批(备)的工作流程。

根据交通运输部办公厅文件《关于进一步加强公路水运工程工地试验室管理工作的意见》(厅质监字〔2009〕183号)规定,工地试验室设立实行登记备案制。

基本工作流程为:施工单位在工程实质性开工前向监理单位上报工地试验室相关资料,审核通过后报建设单位,建设单位根据规范及相关文件的要求进行审批,通过后方可启用。对未通过建设单位审批的工地试验室相关资料,由施工单位负责修改和完善。

6. 本款列出质量检查及缺陷整改的工作流程。

根据《水运工程施工监理规范》(JTS 252—2015)等文件规定,施工单位应接受、配合建设、监理单位及质量监督机构对其进行监督检查,对于整改意见,要立即予以落实整改,并依据检查反馈程序,做好书面反馈,存留相应的图片或视频资料。对于因施工单位严重违章操作,被责令停工的,施工单位必须在规定的期限内完成整改工作,发生的损失应自行承担。监理单位应落实各级交通行政管理及质量监督管理等部门的整改要求,督促施工单位及时落实,并对整改情况进行核查。

基本工作流程为:监理单位和建设单位在检查过程中发现质量问题或隐患时,下发监理通知单或整改通知单。施工单位根据通知单组织整改并自检,对通过自检的,上报监理单位进行整改验收,并报建设单位备案。对未通过施工单位自检、监理单位整改验收的,由施工单位负责改进和完善。

7. 本款列出设计变更管理的工作流程。

建设单位应加强设计变更管理,不得越权批准设计变更,对于重大和较大的设计变更,应事先向具有相应权限的交通运输主管部门上报变更申请,经同意后方可组织实施。必要时,建设单位应当组织有关专家、有关部门代表对设计变更方案的必要性和可行性进行审查,并形成书面审查意见。建设单位应及时建立工程设计变更管理台账,定期对设计变更情况进行汇总,每半年将汇总情况报交通运输主管部门备案。工程勘察、设计单位可以向建设单位提出工程设计变更的建议。设计变更的意见应当以书面形式提出,并应当注明变更理由。在施工图设计阶段,对初步设计文件、重大设计变更的,设计单位应当将相应的设计变更内容(包括相应概算的增加或减少)整理汇总纳入施工图设计送审文件。在项目实施过程中,对施工图设计做重大、较大设计变更的,设计单位应当配合建设单位做好变更审查、申请等相关工作;做好变更说明,设计图纸,变更前后工程、数量、费用对照表等变更资料以及变更文件的编写。设计变更文件应达到施工图设计深度。

基本工作流程为:变更申请方提出设计变更的要求,发出书面变更申请。进行复核计算和分析判断后,设计单位在满足建设项目相关法律、法规、设计规范等的前提下完成变更设计,并交由建设单位审批,监理单位对通过建设单位审批的设计变更下发设计变更令,施工单位根据变更令要求实施变更工程。

5.3 本条阐述了水运工程建设项目交(竣)工及缺陷责任期的质量管理工作流程。

1. 本款列出交工验收质量检测的工作流程。

基本工作流程为:单位工程完工后,施工单位对单位工程进行施工自评。监理单位对施工自评合格的单位工程进行质量评估。建设单位对工程质量是否合格进行交工质量检测,并出具交工验收质量检测报告。对未通过监理单位评定或质量验收的单位工程,由建设单位组织整改,整改完成后重新进行监理评定和质量验收。

2. 本款列出竣工质量鉴定申请的工作流程。

根据《航道工程建设管理规定》(征求意见稿)和《公路水运工程质量监督管理规定》等文件规定,竣工验收现场核查报告明确竣工验收合格但提出整改要求的,项目单位应进行整改,将整改情况形成书面材料报负责竣工验收的交通运输主管部门;竣工验收现场核查报告明确竣工验收不合格的,项目单位整改后应当重新申请竣工验收。

基本工作流程为:建设单位组织参建各方对工程质量问题进行整改。整改完成后,建设单位负责提交工程竣工质量鉴定申请,并按规定提交所需相关资料。由质监机构对建设项目进行工程质量鉴定。

3. 本款列出缺陷责任期质量问题整改与验收的工作流程。

根据《水运工程施工监理规范》(JTS 252—2015)等文件规定,工程交工验收合格经批准投入试运营后,施工单位应严格按照合同约定对工程试运营期间出现的由于施工原因引起的质量问题及时处理。在合同段缺陷责任期结束、收到施工单位向建设单位提交的终止缺陷责任申请后,监理机构应进行审查。对于未能达到设计质量要求的工程,设计单位需参与整改过程,并对整改方案进行审批。

基本工作流程为:建设单位组织参建各方对缺陷责任期发现的质量问题进行责任界定,施工单位编制、完善整改方案并上报监理单位和建设单位审批,重要的方案由设计单位进行认可,方案的重要性,由建设单位据情况确定。施工单位根据审批过的整改方案实施整改,监理单位对其进行过程检查。整改结束后申请验收并上报监理单位审核,建设单位对通过审核的整改结果组织验收。设计单位应参与缺陷责任期问题整改。对未通过监理单位和建设单位审核的整改方案和缺陷整改结果,由施工单位负责改进和完善。

7 质量管理和提升措施

7.1 本条阐述了全面质量管理(TQM)的使用。

根据 ISO 9000:2000 标准,全面质量管理的定义为:一个组织以质量为中心,以全员参与为基础,目的在于通过让客户满意和本组织所有成员及社会受益而达到长期成果的管理途径。总结全面质量管理要素即强调质量管理全方式、建设项目全过程及参建各方全员参与,其思想基础和方法依据是 PDCA 循环,所以全面质量管理应推行 PDCA 工作方法。PDCA 是英语 Plan(计划)、Do(执行)、Check(检查)、Action(总结、处理)四个词的第一字母的组合。PDCA 工作循环,就是按照计划、执行、检查、处理这四个阶段的顺序来进行管理工作。在质量管理活动中,要求把各项工作按照计划,经过实践,再检验其结果,将对建设项目行之有效的质量管理方案纳入质量管理体系,围绕质量薄弱环节和风险点有针对性地开展 QC 攻关,对有不足之处的方案进行总结和持续改进。水运工程建设项目积极推行全面质量管理,对提升项目质量有较大裨益。

7.2 本条阐述了典型(首件)工程认可制度。

典型(首件)实施的不同工艺的分项工程称为典型(首件)工程。在分项工程中选择第一个施工项目作为典型(首件)工程,并将典型(首件)工程中的每一个工序作为典型(首件)工序,对每一道工序制定作业指导书和施工工艺方案,严格按照程序进行策划、修正、实施、验证总结,成熟后进行推广实施。典型(首件)工程在实施准备阶段及实施过程中,对人员、设备、技术、工艺合理组合,规范施工,通过检查、总结、完善等手段达到设计要求,经建设单位、设计单位及监理单位认可。同时,将该类型分项工程操作方法、工艺流程固定化、标准化,被允许在本标段建设中全面推广实施的制度称为典型(首件)工程认可制。水运工程建设项目施工过程中,必须全面推行典型(首件)工程认可制,以首件工程样板示范,引领后续同类工程的标准化施工,提高项目的施工工艺水平和技术质量管理水平,以确保质量创造更多的精品工程。

7.3 本条阐述了质量通病治理的防治。

水运工程质量通病是指水运工程中经常发生的、普遍存在的一些工程质量问题,主要包括工程实体通病(例如:重力式码头、护岸过大位移和不均匀沉降,高桩码头接岸结构和引桥桥台过大沉降、位移,现浇混凝土结构存在较多有害裂缝等)和施工工艺通病

(例如:混凝土施工缝处理不符合规范要求,保护层垫块制作工艺落后、质量差等)。由于质量通病具有多发性、反复性等特点,对工程质量危害很大,是进一步提高工程质量的主要障碍。因此,在分项工程开工前组织召开施工研讨会,根据项目特点,分析有关通病可能,针对预防常见质量通病确定和编制切实可行的施工方案;对现场的技术人员与现场操作人员进行详细交底,对于质量的控制要点更要重点明确。在大面积施工前,尽管事先做好各种准备工作与预控措施,对于质量通病必须深入调查,了解现场的实际条件与具体的操作情况,广泛收集意见,认真分析产生质量通病的原因,并据此制定改进措施,限期解决问题。对质量通病进行及时、多次跟踪检查,采取相应的改进措施,能基本解决施工常见的质量通病。

7.4 本条阐述了质量风险预控。

建设项目质量风险管理是一个质量管理系统化的过程,是针对建设项目全生命周期的风险识别、衡量、控制以及评价的全过程。建设质量风险预控应根据知识和工艺经验对质量风险进行识别、评估和控制,控制应与最终保证质量风险在可接受范围内的目标相关联;质量风险管理过程的投入应当与风险的等级相当。

7.5 本条阐述了班组标准化建设。

班组是企业组织中的最小单元,加强班组标准化建设管理工作是夯实建设项目质量基础管理工作的重要一环。班组应高度重视质量管理工作,强化全员质量意识,组织班员参加技术学习及各种质量知识培训、技术交底、应急预案的演练等,对特殊工种实施岗前操作考试,以班组标准化建设提升建设项目质量。

7.6 本条阐述了信息化管理的应用。

根据住建部《2016—2020年建筑业信息化发展纲要》,未来应增强建筑业信息化发展能力,优化建筑业信息化发展环境,加快推动信息技术与建筑业发展深度融合,通过地理信息系统(GIS)、建筑信息模型(BIM)、工艺监测、质量预警、隐蔽工程数据采集、远程视频监控等设施设备等信息化的集成应用,推广建设项目信息化,充分发挥信息化的引领和支撑作用,塑造建设项目行业新业态。

7.7 本条阐述了信用评价的方式方法。

为强化参建各方履约意识,确保建设工程质量,建设单位应对其他参建各方履约情况进行信用考核评价。评价内容为建设单位与其余参建单位之间的合同文件中参建各方应尽的合同义务。评价人员采取日常巡查、月度检查、季度检查相结合的方式进行检查。履约考评完成后,建设单位将评价结果按规定报送行业主管部门。行业主管部门应探索建立本地区激励机制,将工程质量与行业信用评价、工程招投标等挂钩。

7.8 本条阐述了劳动立功竞赛。

通过开展劳动立功竞赛,提高参建各方的质量意识,形成比质量、比进度、比科技创新、比廉洁等的良性竞争机制,进一步强化组织领导,采取有力措施,扎实推进重点工程质量建设,把重点工程质量建设管理的成果体现在活动上,确保立功竞赛取得实际成效。

7.9 本条阐述了参建各方派驻现场质量管理。

建设单位,勘察、设计单位,施工单位,监理单位都应增加企业总部对现场机构的管控,根据实际情况建立相应的现场技术指导制度。针对现场出现或者可能会出现的技术问题和质量问题强化管理,指导现场机构标准化和精细化作业。

7.10 本条阐述了质量管理中的相关专项活动。

随着品质工程、标准化建设、平安工地等提升建设项目质量的专项活动的开展,水运工程建设项目质量管理水平已经大幅提升。下阶段促进参建各方积极开展和参与类似专项活动,以提升水运工程建设项目质量。

8 其他工作

8.1 本条阐述了质量管理信息报送方式。

根据《水运工程建设市场信用信息管理办法》(交水发〔2008〕510号)等文件规定,建设单位需按水运工程信用评价管理有关要求,开展做好勘察、设计、监理、施工、试验检测等参建单位的信用评价,并做好信息报送工作。

8.2 本条阐述了标准、规范动态更新。

根据《中共中央 国务院关于开展质量提升行动的指导意见》(中发〔2017〕24号)的精神,迫切需要下最大气力抓全面提高建设工程项目质量。随着科学技术的不断发展,水运工程建设项目行业标准和规范等也在不断更新迭代。通过引导参建各方了解相关新标准和新规范的发展动态,处理好新旧标准和规范在实际项目中的应用,树立和提升参建各方的标准意识,从而提升自身服务能力,提高建设项目质量。

8.3 本条阐述了质量管理体系的内审机制。

参建各方应就质量管理体系执行情况进行内审,对实施过程中各环节的合法性、合理性、可操作性、实效性等进行评估,找出问题、总结经验,提升质量管理体系的适应性。